JN087228

The 1st step to accounting

1からの会計

谷　武幸
桜井久勝　編著
北川教央

第2版

発行所：碩学舎
発売元：中央経済社

序　文

会計と聞くと、皆さんは、「何か計算ばかりで、算数嫌いには合いそうにない」とか、「将来は、営業職につきたいから、会計に関連した科目を勉強する必要はない」というイメージが強いのかもしれません。しかし、これは誤解です。第1章で説明しますが、会計は、経済社会を生きていく上で不可欠な知識なのです。少なくとも、会計数字を正しく読み取る力が要求されているのです。

本書は、主に、会社の会計数字から何が分かるのか、またどのように読み取ったらよいのかを初学者が学ぶことを目標に定めています。予備知識は必要ではありません。また、会計数字を読むことに重点を置いていますので、会計の計算的側面（会計のさまざまな約束事や計算の仕組み）については、会計数字を読むのに必要な範囲の説明に限定しました。とにかく、本書で会計を学ぼうとする皆さんが、経済社会をうまく生きていく上で必須の知識を平易に学習できることを主眼としています。

本書で理解できることを例示してみましょう。

① 薄利多売という言葉を聞いたことがあるかと思います。これがうまくいく条件は何でしょうか。この条件を満たさないと、薄利多売を目指しても失敗に終わります。

② 黒字倒産とは、利益が出ているのに、会社が倒産してしまうことをいいます。なぜこうした事態に陥るのでしょうか。その兆候をどのように知ることができるのでしょうか。皆さんの中には、自分で事業を立ち上げようとする人がいるかと思いますが、失敗しないためにも、よく理解しておく必要があります。

③ もっと重要なのは、会社が儲（もう）かる仕組みをどのように作るのかです。会社は事業を営む上で、ヒト・モノ・カネの資源を準備し、生産や販売のプロセスを経て、製品やサービスを顧客に提供しています。このとき、カネつまり資金をどのように調達するのかによって、会社の儲けが大きく左右されます。また、ヒトやモノをどのように調達するかによって、会社のコストや儲けがかなり違ってきます。これらを会計数字から読み取ることができれば、会社の採算状況を改善できます。

以上は一例です。本書で学習を進めることによって、経済社会に必須の知識を習得されるよう願っています。

もちろん、本書は、将来会計を本格的に学ぼうとする人たちをも視野に入れて書かれています。本書で学習してみて、「会計って意外と面白い。会計をもう少し勉強してみたい」と思う人が増えることを願っているのが正直なところなのです。

2021年1月12日

神戸大学名誉教授　**谷　武幸**
神戸大学名誉教授　**桜井　久勝**
神戸大学大学院経営学研究科准教授　**北川　教央**

CONTENTS

序　文　i

第１章　会計情報の役割 —— 1

1　はじめに …… 2

2　会計は経済社会に不可欠な仕組み …… 2

会計は経済社会の常識・2

共通言語としての会計：京セラ株式会社のアメーバ経営・3

会計は経済社会のナビゲータ・5

3　会計が分かれば経営の実態が見える …… 7

会計は企業活動のマッピング・7

ビール会社の多角化経営・9

4　会計は機能で理解する …… 11

外部利害関係者への情報提供：財務会計・11

経営管理のための情報提供：管理会計・12

財務会計の基礎知識から学習を始める・12

5　おわりに …… 13

考えてみよう・13

参考文献・13

次に読んで欲しい本・14

Column１－１　複式簿記の歴史・6

第２章　会計制度と社会 —— 15

1　はじめに …… 16

2　株式会社の利害関係者 …… 16

3　個人企業から株式会社へ……………………………………………… 17
4　会社の財産の分配制限……………………………………………… 18
5　経営者から株主への会計報告……………………………………… 20
6　株式投資の判断情報………………………………………………… 23
7　会社の儲けに課される税金………………………………………… 26
8　おわりに……………………………………………………………… 27

考えてみよう・28

次に読んで欲しい本・28

Column２－１　株主総会・21

Column２－２　金融商品取引所・24

第３章　会計の仕組み ―――――――――― 29

1　はじめに……………………………………………………………… 30
2　貸借対照表…………………………………………………………… 30

資金を集める・30

資金を使う・31

財政状態を明らかにする貸借対照表・32

3　当期純利益…………………………………………………………… 34

商品を販売する・34

給料を払う・35

資本金の増加分＝当期純利益・35

4　損益計算書…………………………………………………………… 37

収益と費用・37

当期純利益と損益計算書・38

5　おわりに……………………………………………………………… 40

考えてみよう・41

参考文献・41

次に読んで欲しい本・41

Column３－１　複式簿記と取引・36

Column 3 - 2　会計期間と決算・39

第4章　貸借対照表 ―――― 43

1　はじめに…… 44

2　貸借対照表の役割…… 44

3　流動型企業と固定型企業の比較…… 46

4　資　　産…… 50

5　負　　債…… 53

6　純 資 産…… 54

7　おわりに…… 55

考えてみよう・56

参考文献・56

次に読んで欲しい本・56

Column 4 - 1　営業循環基準と1年基準・45

Column 4 - 2　流動性配列法と固定性配列法・49

第5章　在庫品の会計 ―――― 57

1　はじめに…… 58

2　商品の仕入（商業の取得原価）…… 59

3　製品の生産（製造業の取得原価）…… 60

材料費・労務費・経費・60

個別原価計算と総合原価計算・61

総合原価計算の設例・62

4　売上原価と期末在庫…… 65

5　期末在庫の評価…… 68

6　営業循環と在庫の回転状況…… 69

7　おわりに…… 71

考えてみよう・71

参考文献・72

次に読んで欲しい本・72

Column 5 − 1　製造原価明細書・64

Column 5 − 2　原価配分と利益計算・67

第6章　生産設備の会計 …… 73

1　はじめに …… 74

2　固定資産の範囲と区分 …… 74

3　有形固定資産の取得 …… 77

有形固定資産の取得原価・77

資本的支出と収益的支出・77

4　減価償却 …… 78

減価償却とは・78

減価償却費の計算・78

減価償却の実務・81

減価償却の表示・83

5　減損処理 …… 84

減損処理の影響・84

減損処理の手続・85

6　おわりに …… 86

考えてみよう・87

参考文献・87

次に読んで欲しい本・87

Column 6 − 1　有形固定資産の種類・75

Column 6 − 2　定額法と定率法・80

第7章　金融資産の会計 …… 89

1　はじめに …… 90

2　金融資産の種類と目的 …… 91

金融資産の保有比率・91
財テク目的・92
支配目的・93
3 現金及び預金 …… 94
現金及び預金の管理・94
4 有価証券 …… 95
5 時価評価 …… 97
償却原価・98
有価証券の評価・98
有価証券の時価評価による影響
～ソフトバンクグループのケース～・101
6 おわりに …… 102
考えてみよう・103
参考文献・103
次に読んで欲しい本・103
Column 7 － 1 子会社と関連会社・96
Column 7 － 2 政策保有株式・100

第8章 負債と資本の会計 —— 105
1 はじめに …… 106
2 自己資本と他人資本による資金調達 …… 106
資本金と借入金と社債・106
株主と債権者の違い・107
自己資本と他人資本・108
任天堂とソフトバンクの資金調達の比較・109
任天堂の無借金経営・109
ソフトバンクのケース・111
3 営業負債と有利子負債 …… 114
4 純資産の内訳と配当 …… 116
外資系ファンドからの増配要求・118

5　おわりに………………………………………………………… 119

考えてみよう・119

参考文献・119

次に読んで欲しい本・119

Column 8 − 1　引 当 金・115

Column 8 − 2　自社株買いとROE（自己資本利益率）・117

第9章　損益計算書 ———————————————— 121

1　はじめに………………………………………………………… 122

2　損益計算書の仕組み…………………………………………… 122

3　利益算出の流れ………………………………………………… 125

4　損益計算書から見えてくる企業の経営形態……………… 130

5　おわりに………………………………………………………… 131

考えてみよう・132

参考文献・132

次に読んで欲しい本・132

Column 9 − 1　対応原則・124

Column 9 − 2　税金費用・128

第10章　営業活動の会計 ———————————————— 133

1　はじめに………………………………………………………… 134

2　企業の営業活動と営業循環…………………………………… 134

営業循環とは・134

トヨタの損益計算書・135

商業と製造業・136

NTTドコモの儲けの仕組み・138

3　売上代金の回収と収益の認識………………………………… 139

収益認識の基本ルール・139

不動産販売の収益認識・140

4　代金回収の不確実性 …… 142
さまざまな受取形態・142
売 掛 金・142
受取手形・143
貸倒引当金・144
5　おわりに …… 145
考えてみよう・145
参考文献・146
次に読んで欲しい本・146
Column10－1　セグメント情報・137
Column10－2　手形のいろいろな使い方・144

第11章　儲かる仕組みの分析 —— 147
1　はじめに …… 148
2　収益性の分析 …… 149
3　ROEの３分解 …… 152
4　安全性の分析 …… 155
流動比率と当座比率・156
自己資本比率と負債比率・157
インタレスト・カバレッジ・レシオ・158
5　おわりに …… 159
考えてみよう・160
参考文献・160
次に読んで欲しい本・160
Column11－1　期間比較と企業間比較・149
Column11－2　財務諸表分析は役に立つか・153

第12章　利益構造の分析 —— 161
1　はじめに …… 162

2　損益分岐点 163

損益分岐分析の基本的な考え方・163

固定費・変動費の分解・163

損益分岐分析を外部分析として行う際の前提：
しまむらとユナイテッドアローズ・164

損益分岐分析の基本公式・168

損益分岐図表・168

3　損益分岐分析にみる利益構造 169

資本集約型企業と労働集約型企業の損益分岐図表・170

損益分岐比率と安全余裕率・172

競争戦略と利益構造・173

4　内部経営分析としてのCVP分析 175

利益計画と損益分岐点の引き下げ・175

利益構造の変革・176

5　おわりに 177

考えてみよう・178

参考文献・178

次に読んで欲しい本・178

Column12－1　コスト・ビヘイビア・165

Column12－2　オペレーティング・レバレッジ・171

第13章　経営管理と会計 179

1　はじめに 180

2　家計にみるPDCAサイクル 180

計画を立てる・180

計画を執行し、到達度をチェックしてアクションを起こす・182

3　原価を引き下げる 183

原価管理とは何か・183

原価管理におけるPDCAサイクル・185

原価管理の前提条件を整備する・186

直接材料費を管理する・187
原価管理の今日的意義：コスト・マネジメントの登場・191
4 おわりに…… 192
考えてみよう・193
参考文献・193
次に読んで欲しい本・193
Column13－1 マネジメント・コントロール・183
Column13－2 コスト・ドライバー・186

第14章 会計学の諸領域 —— 195
1 はじめに…… 196
2 測定：簿記と原価計算…… 197
3 伝達：財務会計と管理会計…… 200
4 国際会計…… 201
5 税務会計…… 204
6 会計監査…… 206
7 財務諸表分析…… 207
8 おわりに…… 208
考えてみよう・209
参考文献・209
次に読んで欲しい本・209
Column14－1 連単分離・203
Column14－2 法定実効税率・205

第15章 会計を活用する仕事 —— 211
1 はじめに…… 212
2 会社で会計を担当する人々…… 212
3 財務諸表を使って企業を分析する人々…… 214

4　公認会計士 …… 216
5　税 理 士 …… 219
6　企業を経営する人々 …… 220
7　おわりに …… 222

考えてみよう・222
次に読んで欲しい本・223
Column15－1　簿記検定試験・213
Column15－2　証券アナリスト・215

索　　引 …… 225

第1章

会計情報の役割

1　はじめに
2　会計は経済社会に不可欠な仕組み
3　会計が分かれば経営の実態が見える
4　会計は機能で理解する
5　おわりに

1 はじめに

会計に対して、次のような偏見をもっている人がいるかもしれない。「会計は公認会計士、税理士や企業の会計担当者（経理担当者ということが多い）などの職業会計人に必要な知識であるから、これらの専門職になろうと思わない限り、会計を学ぶ必要はない。」たしかに、職業会計人には会計の深い知識が求められる。しかしながら、**会計**は経済社会を生き抜く上で必須の知識である。

これは家計の会計にあたる家計簿を考えれば明らかである。家計を預かる人は、毎月の給与を家計簿に記録し、支出については主食費、副食費、家賃、衣料品費、水道光熱費などの費目別に分類・記録している。このように記録するとともに、10日または1月ごとに費目別に集計すると、集計日までの支出額が前月実績や予算の範囲に収まっているのか、あるいはこれを超えているかを知ることができる。この記録を手かがりに、収入を補ったり、支出を抑えたりして、家計をやりくりしていく。家計簿が家計を預かっている人のナビゲータ（羅針盤）になっているのである。

本書では、企業の会計を取り上げる。しかし、会計が経済活動のナビゲータであることは家計の場合と同様である。本章では、この点を第1に解説する。第2に、会計が分かれば経営の実態が見えることを明らかにする。最後に、会計の役割を会計の2つの分野の視点から述べる。

2 会計は経済社会に不可欠な仕組み

会計は経済社会の常識

会計の知識が求められる人々は実に多様である。公認会計士、税理士や企業の会計担当者などの職業会計人については、第15章で解説されるので、ここでは身近なところから説明をはじめよう。まずは学生である。学生も就職活動中に多くの会社の情報を収集して訪問企業を選択する。企業セミナーに参加して得られる情報、就職情報誌などを参照して、訪問企業を選定するはずである。この場合、儲け（会計では利益という）を期待できない会社や資金不足の会社は選ばないであろうから、この判断を行うのに会計情報を検索することになろう。会社の利益や資金（経営に使われるお金）の状態に関する情報を提供しているのが会計である。ここで、資金の状態は**財政状態**と呼ばれる。これは、企業が必要な資金をどのように調達しているのか、この資金をどのように使っているのか、十分な資金があるのかということを指している。

次に、就職すると、さまざまな部署に配属される。会計に携わる経理部に配属されるともちろんであるが、その他の部署に配属されても、会計の知識が必要なのは同じである。営業の場合、商品のコストがどれ位なのか、利益がどれだけ取れるのかを考えないといけない。しかも、係長、課長、部長と職位が上がるにつれて、ますます**会計情報**を使うことになる。職位が上がるにつれて、責任が広がるが、部署のコスト、さらには利益に対する責任の拡大を伴うからである。どのようにすれば、任された部署のコストを下げたり、利益を増やすことができるのかを考えなければならない。このためには会計情報を使うことになる。

会計の知識が必要なのは、社長や会長をはじめとするトップも同じである。彼らは全社の財政状態と利益に責任を有するため、自社の会計情報に細心の注意を払って経営にあたらなければならない。売上を伸ばして、会社をどのように成長させていくのか、また利益をどのように確保するのかに関して、方針を立てるとともに、リーダーシップを発揮しなければならない。

一例をあげることにしよう。トップは、会社の売上が伸びていても、また十分な利益を上げていても、安心はできない。資金が不足して、会社が倒産の危機に陥ることがあるからである。このような状況は、売上の伸びや利益に見合わない設備投資を続けたような場合などに生じ、黒字倒産と呼ばれる。黒字で利益が出ているのに倒産するということは、収入以上の支出を続けた放漫経営の結果である。今これを理解することは難しいかもしれない。しかし、会社のトップは知らなかったではすまない。会計の知識が求められるのである。もちろん、皆さんは、本書を読み進めていくにつれて、黒字倒産の意味を完全に理解できるようになる。

共通言語としての会計：京セラ株式会社のアメーバ経営

以上のような現実からいうと、会計は企業内のコミュニケーションのための共通言語であるといってよい。これが究極まで進化しているのは京セラ株式会社の**アメーバ経営**である。アメーバ経営では、工場の生産現場の班長に至るすべての管理者が、アメーバと呼ばれるその職場の経営を任されていて、利益に責任を負っている。通常の会社は、現場の管理者に経営を任せることはない。しかし、京セラのアメーバ経営では、アメーバ・リーダーはいわば町工場の社長である。現場のアメーバ・リーダーに経営を任せることによって、現場の知恵を引き出し、組織を活性化しようとする。これが、1959年に従業員28人でスタートした会社が急成長した原動力になっているといっても過言ではない。

アメーバの責任は「時間当たり採算」と呼ばれる利益指標で測定される。その計算式は次のとおりであるが、コスト（京セラでは経費と呼ばれる）には人件費は含まれない。したがって、（売上－コスト）は生産活動による付加価値に相当している。

$$\text{時間当たり採算} = \frac{\text{売上－コスト}}{\text{総時間}}$$

定義式から分かるように、アメーバの「時間当たり採算」の目標を達成するには、売上の増加、コストの削減や投入時間の削減のための方策を考えればよい。分かりやすい指標である上に、月初めからの「時間当たり採算」が翌朝には報告される仕組みになっている。これにより、毎月の目標の達成度を適時に知ることができ、早

【写真１－１　アメーバの朝礼（京セラ）】

写真提供：京セラ株式会社

めに手を打つことができる。

また、自らのアクションの成果を早めに知ることにより、どのようなアクションが効果的かを学習することができる。このため、経営感覚が磨かれ、従業員がリーダーとして育っていく。

現場の班長からトップに至るまで、単純な指標に徹底的にこだわって「時間当たり採算」を追求していることは、この会計情報が全社の共通言語になっていることを意味している。事実、組織階層の上から順に、課、係、班のレベルで毎日朝礼（**写真１－１**）がもたれ、前日までの売上と「時間当たり採算」がアメーバ・メンバーに伝達されるとともに、その日の課題がアメーバ・リーダーから表明される。このように、「時間当たり採算」は全員が共有している会計情報である。

会計は経済社会のナビゲータ

以上、会計は、企業内において、トップから現場の管理者に至るまで、さまざまな人々に広く使われていることを説明してきた。しかし、会計情報を必要としているのは企業外の人々も同じである。

今日の企業、特に大企業は株式会社である。株式会社の制度の要点を説明しておくと、**株式会社**は、①株式の発行による企業の所有権の分割と、②出資者の有限責任を特徴としている。

かつては企業の創業者が自らお金を出したり、血縁者、知人や金融機関などから資金を借り入れたりして、会社を経営していた。しかし、会社の規模が大きくなると、このような方法による資金調達には限界が生じる。そこで、株式会社の制度を取り入れ、会社の所有権を株式に分割し、これを売ることで資金を調達することになる。株式を買った人つまり**株主**は、経営者の資質がなくても、また少額の資金でも、会社の利益の分配（配当）を受けることができる。

しかも、**有限責任**であるということは、株主の責任が有限で、会社が借金を残して万一倒産しても、その責任が出資額の範囲に留まり、この金額をあきらめるだけですむ。個人企業のように、無限責任で、責任が個人財産にまで及ぶのとは異なる。この所有権の分割と有限責任の仕組みにより、株主は企業に出資しやすくなり、株式会社は巨額の資金を集めることが可能になった。

もちろん、その前提は、財政状態が良好で、特に、十分な利益が期待できることである。株式は証券市場で売買されるが、株式の価格つまり株価を左右する重要な

Column 1 - 1

複式簿記の歴史

簿記といえば一般的に複式簿記を指している。複式簿記とは何かについては、第3章を参照してもらうことにして、世界最初の簿記書はイタリアの数学者ルカ・パチョーリ（F. L. Pacioli）が1494年に著した「算術、幾何、比および比例総覧」（*Summa de Arithmetica, Geometria, Proportioni et Proportionalita*）である。スンマと略称されることが多いが、当時ヴェネツィアの商人たちの間で使われていた簿記を初めて体系的に説明することにより、簿記が急速にヨーロッパ内に広がっていった。

簿記が生成したのは、中世末期の13世紀から14世紀の北イタリアであるとされている。11世紀から13世紀において、聖地エルサレムをトルコから奪回すべく、ローマ法王の命令の下、計8回の十字軍が派遣された。しかし、これは失敗に終わり、中世の終焉をもたらした。一方、ジェノヴァやフィレンツェ、ミラノ、ベネチアなど北イタリア諸都市に軍事物資が集まり、これらの諸都市が繁栄した。商取引量が増えてくると、正確な会計記録の必要性が高まってくるのは当然である。これに応えるために、商人たちの商取引の交流の中で、簿記が自然発生的に生成したといえる。

本文中において、会計が経済社会における資源配分のナビゲータとして機能していることを指摘した。つまり、利益が期待でき、また財政状態も良好と会計情報から判断できる企業に社会的に資源が配分される仕組みになっている。この点について、ドイツの社会経済学者ゾンバルト（W. Sombart, 1863-1941）は、「複式簿記がなければ、資本主義経済の発展はなかったであろう」としている。

要素は企業の利益への期待であるからである。期待できる利益がよくないと、配当も、また株価上昇も期待できないため、株式を買う人が少なくなり、企業は十分な資金を集めることができなくなる。

このように考えると、潜在的な株主を含めた株主つまり投資者は、株式への投資を決定するにあたり、企業の利益や財政状態に関する会計情報を利用しているといえる。また株主だけではなく、社債への投資者も同様に、会計情報を使って会社が倒産しないことを確かめてから、投資を決定する。なお、**社債**とは、株式会社が長期資金を調達するために、確定利付きで発行する証券をいう。株式とは異なり、社債を買った人々つまり社債権者は企業の所有権を有することはない。企業にとっては、社債は社債権者に対する借金である。

株式や社債への投資者がその投資の決定に際して会計情報を利用しているということは、会計情報が投資者の投資決定のナビゲータであるということである。これは企業に融資を行おうとする銀行や保険会社等の金融機関、商品、材料等の納入業者や労働者についても同じである。利益が期待できない会社や財政状態が悪い会社には、お金を貸せないし、商品や材料を売れないし、働けないからである。利益や財政状態のよい会社を求めて行動することになるのである。

会計情報は、経済社会全体についてみても、経済社会における資源配分のナビゲータである。財政状態がよく、しかも利益が期待できる企業に投資者が資金を投資したり、金融機関が融資をしたり、労働者が職を求めたりするということは、このような企業に資源がより多く配分されるということである。このような関係者が会計情報を使って判断しているわけであるから、会計は経済社会における資源配分のナビゲータとして機能しているといえる。

3　会計が分かれば経営の実態が見える

会計は企業活動のマッピング

会計が理解できれば、企業の利益や財政状態が分かるだけではない。会社の方針を含めて、会社の実態が見えてくるのである。このことを**図１－１**を使って説明しよう。図の上部の資源調達からアウトプットまでの一連の流れが企業活動の一端を示している。企業は、財（商品や製品）またはサービスの生産や販売を事業目的としている。ここにおいて、商品とは流通業のように他業者から仕入れた財をそのまま販売する場合をいう。これに対して、製品とは、製造業のように、業者から仕入れた材料を加工したり、組み立てたりしてから販売する場合の財をいう。サービスの具体例は、運送会社の運送サービスや医療機関の医療サービスなどである。

財・サービスの生産や販売には、資源が必要であり、資源調達がまず行われる。株式や社債の発行により、資金（カネ）を集め、この資金を使って事務所や工場を作るとともに、材料や商品を仕入れる（モノの調達）。また、生産や販売の人材（ヒト）を確保する。そして、これらの資源を生産や販売のプロセスにインプット

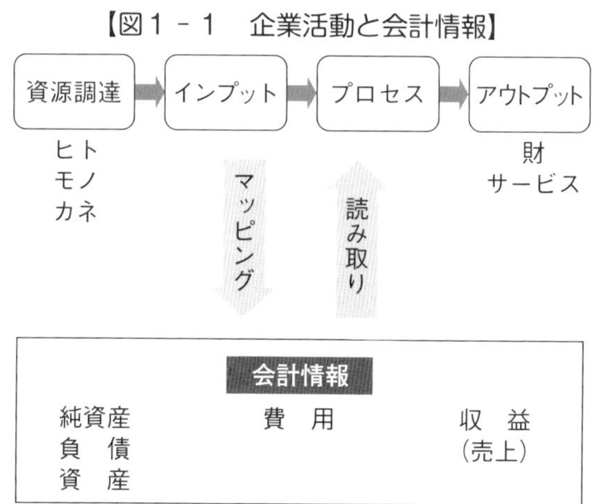

して、アウトプットの売上を得る。

これらの企業活動は図１－１における「マッピング」の矢印で示したように、会計情報へと写し取られる。図の会計情報の下側にさまざまな会計用語が並んでいるが、いまは無視してもよい。

会計は、まず個々の企業活動を写し取る。たとえば、商品を現金で仕入れると、商品が増える一方、現金が減少する。この商品の増加や現金の減少が商品を仕入れた金額だけ会計に記録される。商品を現金で売ると、その金額だけ売上があがるとともに、現金が増加する。そこで、会計では、その金額の売上を認識する一方、その金額分だけ、現金の増加を記録する。

次章以下で徐々に解説される貸借対照表や損益計算書は、個々の企業活動に関する記録を取りまとめたものである。したがって、このような会計情報は、企業活動の結果を統合的に写し取っているといえる。図１－１では、「マッピング」という表現をとっているが、まさに会計はマップ（地図）にたとえることができる。目的に合った地図（世界地図、日本地図、都市別地図、道路地図）があれば、それを読み取って、国や都道府県や主要都市の位置をはじめ、区・町・番地などが分かり、目的地へのルートも知ることができる。

会計の場合も、その情報を読み取って企業活動を読み取ることができる。会計が分かれば、会社の実態が見えてくるのである。地図と異なるのは、特に企業の外部者にとっては、公表されている情報しか利用できないことである。しかし、会計情報はその読者に多くのことを教えてくれる。その一例として、ビール会社のケースを取り上げて説明することにしよう。

ビール会社の多角化経営

日本を代表するビール・メーカー３社の2019年１月１日から12月31日までの１年間の損益計算書の冒頭部分を要約して示したものが**表１－１**である。ここに収録された損益計算書は、親会社を頂点とする企業集団全体について作成されたもの（連結損益計算書という）であり、その冒頭部分にはビールの生産と販売を始めとして企業が営む事業から得られた営業利益が示されている。

【表１－１　ビール３社の損益計算書】

（2019年12月決算期、金額単位：億円）

	アサヒ	キリン	サッポロ
売上高 （うち特定の事業）	20,890 物流（466）　2%	19,413 医薬（3,049）　16%	4,919 不動産（247）　5%
売上原価 販売費・一般管理費ほか	12,973 5,903	10,937 7,599	3,367 1,430
営業利益 （うち特定の事業）	2,014　9.6% 物流（19）　4.1%	877　4.5% 医薬品（554）18.2%	122　2.5% 不動産（127）51.4%

営業利益は、ビールなどの売上高から、売上原価（売れたビールの生産コスト）と販売費及び一般管理費（たとえば広告宣伝費、運送費、営業所や本社の人件費など）を控除して算定される。たとえばアサヒビール（正式な会社名は、アサヒグループホールディングス株式会社）の営業利益は、[売上高20,890－売上原価12,973－販売費及び一般管理費ほか5,903＝営業利益2,014] として計算されている（金額単位：億円）。

このようにして算定される営業利益を売上高で割り算すると、売上高から諸費用を支払った後に残る利益が、売上高の何%になっているかを算定することができる。表１－１に示されたとおり、この利益率が最も高いのはアサヒの9.6%であり、キリンの4.5%がこれに続き、サッポロは2.5%と低い。日本の人口が減少しつつある中で、ビールだけに頼っていては発展が望めないので、各社とも酒類以外の飲料や食品に多角化したり、海外輸出や外国メーカーの買収などで国際化を推進している。

これと並んで注目されるのは、各社ともビールなどの飲食とはまったく異なる事業への進出を推し進めている点である。表１－１には、各社が多角化した事業の部門別に集計された財務情報（**セグメント情報**という）から抜粋して整理したデータが、あわせて示されている。これによると、アサヒはビールなどの飲食関連の事業の利益率が３社中で最も高い（9.6%）ので、他の事業への進出度合いが低いが、キリンは医薬品事業の売上高が16%にも達しており、その利益率も非常に高い（18.2%）ことが分かる。なかでも最も特徴的なのは、サッポロビール（正式な会社名は、サッポログループホールディングス株式会社）の不動産事業が、企業集団全体の利益に大きく貢献していることである。東京の恵比寿ガーデンプレイスや北海道のサッポロファクトリーなどの商業施設は、サッポログループが賃貸する不動産物件である。

この例からも分かるように、損益計算書とセグメント情報を組み合わせて観察すれば、会社の多角化経営の実態やその成功度合いを知ることができる。このほかにも財務諸表が企業経営の実態について教えてくれることは非常に多い。

【写真１－２　恵比寿ガーデンプレイス】

編者撮影

4 会計は機能で理解する

外部利害関係者への情報提供：財務会計

これまでに学習した範囲で会計を定義すると、「会計とは、企業における利益と財政状態を測定し、これをさまざまな人々に伝達したり、この情報をこれらの人々が利用したりすることに関わった知識体系である」といえよう。

この会計の分野には簿記や原価計算といった計算の仕組みに関わった領域がある。このうち、原価計算については本書の第５章で必要最小限の説明を行う。他方、会計を本書でしか学ばないかもしれない読者であっても、簿記の仕組みを多少理解しておくことは重要である。簿記は企業の生産や販売などの活動を金銭的に記録して、企業の利益や財政状態を明らかにするための計算上の仕組みであるからである。そこで、本書の第３章「会計の仕組み」が簿記の仕組みの説明にあてられる。

しかしながら、会計は、計算の仕組みというよりは、本来的にはその役割（機能）で把握すべきである。この視点では、会計の分野は財務会計と管理会計に区分できる。**財務会計**は、①企業をめぐる利害関係者、すなわち社債権者・金融機関などの債権者と株主の利害調整や、②投資者に対する情報提供を機能とする会計の分野である。詳細は次章に譲るが、後者の機能に関して少しだけ説明しておこう。本章の第２節において、投資者が会計情報を投資決定に使うと述べたが、この目的のために会計情報は投資者に提供される。

これらの利害関係者は、企業外部の集団であるため、財務会計は外部報告会計ともいえる。さらに、財務会計は社会的な制度であり、会計の方法に関してルール（会社法、金融商品取引法や会計基準など―第２章参照）が定められる。この点で、財務会計は制度会計ともいえる。たとえば、投資者が投資決定のため会計情報を期待しているので、会計情報を提供（開示）すべき企業の範囲が法律で定められる他、会計処理の方法もルールとして設定される。企業が無秩序に会計情報を提供したり、場当たり的な会計処理を行ったのでは、投資者が企業の利益や財政状態を適正に判断できないからである。

経営管理のための情報提供：管理会計

会計のもう１つの分野は、**管理会計**である。これは企業における経営管理のための会計に関わる分野であり、その情報を利用するのは企業内部のトップから現場の管理者を含む経営管理者であることから、内部報告会計とも呼ぶことができる。

企業の経営管理は次のプロセスで行われる。①トップの経営方針を実現するために、今後３年間にどのようなアクションをとるべきかを計画する。②次年度の利益目標の達成に向けて、トップから現場の管理者までの責任を定めて、この責任遂行に必要な資源を割り当てる。③計画どおりに進行しているかをチェックした上で、計画実現に向けたアクションをとる。

管理会計は、企業内では制度として確立していたとしても、経営管理者に対する会計情報の提供は法的に規定されているわけでないし、会計処理も随意である。この点が、財務会計との相違点である。

財務会計の基礎知識から学習を始める

会計の領域は財務会計と管理会計に区分できるが、本書では、財務会計を中心に解説が進められる。第２章から第10章がこれである。ただし、第３章では、すでに述べたように、会計の計算上の仕組みである簿記を必要な限りで説明する。

続く第11章と第12章では、財務会計において開示された会計情報を使って、企業の利益や財政状態をどのように分析するかを解説する。実は、本章において、ビール会社の会計情報を用いて、各社の多角化経営の実態を観察したが、このとき用いた方法がそのような分析の一例である。会計情報の分析は、投資者などによって行われるが、管理会計上も重要な分析ツールである。この点は第12章で多少ふれる。

第13章「経営管理と会計」では、管理会計を取り上げる。管理会計が中心になっているのはこの章だけである。財務会計の基礎知識を含めて、第２章から第12章の内容は、会計を学ぶ上で必要不可欠な知識であり、会計の第１ステップの入門書としては、財務会計にウエイトをおくのが妥当である。

5 おわりに

本章では、会計の役割を「なぜ会計を学ぶのか」を中心に述べた。重要なのは、次の３点であった。

⑴　会計は経済社会のナビゲータであり、経済社会において必須の知識である。

⑵　会計は、企業活動を金銭的に写し取ったものであるから、会計が分かれば会社の実態が見えてくる。

⑶　会計の領域は、役割（機能）の側面から財務会計と管理会計に区分される。

これらをよく理解して、第２章以下の学習を進めることによって、経済社会を生き抜く上で必須の知識を習得してほしい。執筆者全員の一致した願いは、本書を読んで会計への関心が高まり、さらに深く学習しようとする人が増えることである。このような皆さんには第14章「会計学の諸領域」を用意してあるので参照していただきたい。

? 考えてみよう

1．皆さんが大学生なら、どんな会計科目が提供されているかを調べてみよう。そして、講義要項（シラバス）を読んで、どのような内容を学習できるかを考えてみよう。

2．皆さんは会計に対してどのようなイメージをもっていましたか。本章を読んで、それがどのように変わったか考えてみよう。

3．ビール３社の多角化経営は最近どのように変化しているか考えてみよう。各社の最新の損益計算書はホームページから入手しよう。

参考文献

山田真哉『さおだけ屋はなぜ潰れないのか？　身近な疑問からはじめる会計学』光文社、2005年。

次に読んで欲しい本

稲盛和夫『稲盛和夫の実学―経営と会計（文庫）』日本経済新聞出版、2000年。

谷　武幸・窪田祐一『アメーバ経営が組織の結束力を高める』中央経済社、2017年。

第2章

会計制度と社会

1　はじめに
2　株式会社の利害関係者
3　個人企業から株式会社へ
4　会社の財産の分配制限
5　経営者から株主への会計報告
6　株式投資の判断情報
7　会社の儲けに課される税金
8　おわりに

1 はじめに

町のパン屋やクリーニング店のように、個人で十分にやっていけるビジネスもある。しかし人間が１人でできることには、マンパワーの面でも資金の面でも限界がある。そこで大きな事業をするために、多くの人々が集まって協力しあい、多くの人々から資金の提供を受けて、会社という組織が作られる。

洋服・牛乳・テレビ・住宅・電話をはじめとして、私たちの衣食住に必要な製品やサービスの大部分は、今やそのような会社によって作られ売られている。また多くの人々は会社に雇われて働き、そこから得た給与で生活している。会社が上手に運営されなければ、私たちの経済生活はもはや成立しないのである。

会社にはいくつかの種類があるが、こんにちの社会で最も繁栄しているのは、「株式会社」という種類の会社である。株式会社は非常に多くの人々に支えられてビジネスを営んでいる。会社で働く従業員、原材料の仕入先、製品を買ってくれる顧客や消費者、資金を貸してくれている銀行、会社を設立するときに出資をしてくれた人々、日本政府や都道府県・市町村などの地方自治体がそれである。

株式会社も含めて、企業の会計はもともと、その企業みずからが利益の計算を通じて、今の経営が上手に行われているのか、それとも改善しなければならないかを知るために、自発的に行われるものである。しかし企業が成長して、社会の人々に与える影響が非常に大きくなったことにより、こんにちでは企業の活動とその会計には各種の規制が加えられ、そのための法律が制定されている。

日本で会社の会計に規制を加えている主要な法律として、「会社法」「金融商品取引法」「法人税法」の３つがある。この章では、それぞれの法律に基づいて行われている会計を取り上げて、その目的や仕組みを説明する。

2 株式会社の利害関係者

株式会社の活動によって影響を受ける人々の範囲やその影響の程度は、こんにちますます大きくなっている。**図２－１**は、トヨタ自動車という株式会社が社会の非常に多くの人々と深い関係をもちながら、ビジネスを営んでいる状況を表したもの

【図２－１　トヨタ自動車株式会社をめぐる利害関係者】

仕入先	従業員	債権者
買入債務３兆円	46万人	借入金20兆円、利子281億円
	トヨタ自動車 取締役９人	
得意先 売上高30兆円	国・自治体 税金6,599億円	株　主 51万人、配当金6,207億円

（2019年３月末のデータによる）

である。これらの人々は、その株式会社の活動によって利益を得たり損害を被ったりすることから、**利害関係者**とよばれる。

トヨタ自動車で働く従業員は46万人にのぼる。自動車の生産に必要な鉄板やガラスを仕入れ、それらを加工して乗用車やトラックを生産するが、その売上高は１年間で30兆円にも達する。原材料の仕入や工場建設に要した資金の多くは、出資者から集められたお金と銀行などからの借入金で賄われている。会社の設立時やその後の拡張時に、会社に出資をしてくれた人々を**株主**といい、銀行などのように会社にお金を貸してくれている人々を**債権者**という。債権者からの借入金には利子が支払われ、株主からの出資に対しては利益の分配として配当金が支払われる。会社はまた社会の一員として、国や地方自治体に多額の税金を納めている。

このようにして株式会社が繁栄しているのには理由がある。それは、企業が工場などを増設して成長するための資金を集めるうえで、株式会社の仕組みが有利であったことである。このことは個人企業が大会社へ発展していく過程を考えればよくわかる。

3 個人企業から株式会社へ

こんにち世界的に有名な巨大企業も、その大部分は、事業主みずからが自己の貯金を出資し、みずからが経営を行う個人企業として開始されている。その事業が成功して企業規模を拡大するには、利益の再投資や知人への出資の依頼および銀行借入などで、必要な資金を賄えばよい。しかしこうして集められる資金額には限界があり、より多くの資金を集めようとすれば、事業主とは何の関係ももたない人々からも出資を求めなければならなくなる。そのような資金調達を可能にしたのが株式会社の仕組みである。

株式会社は、会社のオーナーとしての権利を細かく均等に分割して**株式**とし、その株式を人々に売った代金として資金を調達する。株式を購入した人々は、株式の持ち主という意味で「株主」とよばれ、会社のオーナーであるから会社が利益を獲得すればその分配を受けることになる。このため独自に事業を開始する能力や十分な資金力を持たない人々でも、会社のオーナーの１人となって、利益の分配に参加できるのである。

しかも株主にとっては、万一、事業が失敗して会社が巨額の借金を抱えたまま倒産した場合でも、自分が株式を購入するときに支払った金額さえあきらめれば、それ以上の責任を負う必要はない。自分の家や土地を売ってまで、会社に残された借金を返済するような義務はないのである。当初の出資額の放棄が損失の上限となるこの仕組みは**有限責任制度**とよばれ、この制度のおかげで株主は安心して出資することができた。

会社の所有権を株式として分割する仕組みと、株主の有限責任制度のおかげで、株式会社は人々が貯金として蓄積してきた余剰資金を投資する新しい対象として広く普及した。その結果、多数の人々の零細な資金が企業へ集中されて、企業の飛躍的な成長を可能にしたのである。そのような株式会社がいま日本には約254万社あるといわれている。

4 会社の財産の分配制限

しかし株式会社の仕組みは、関係者の間に利害対立を引き起こす可能性をもっている。その１つは、株主の有限責任制度を原因として生じるような、債権者と株主の間の利害対立である。

有限責任の制度は、会社が倒産した場合でも、会社に貸付を行っている銀行などの債権者は、会社の財産だけからしか貸付金を回収できないことを意味する。したがって債権者が知らない間に株主が相談して、会社の財産を自分たちだけで山分けしてしまうようなことがあれば、債権者の権利は著しく害されてしまう。そのような心配がある限り、どの債権者も会社に資金を貸し付けたりしないであろう。

会社の財産の不当な分配に対して、債権者の権利を保護するのに有効な１つの方

【図２－２　貸借対照表の構造】

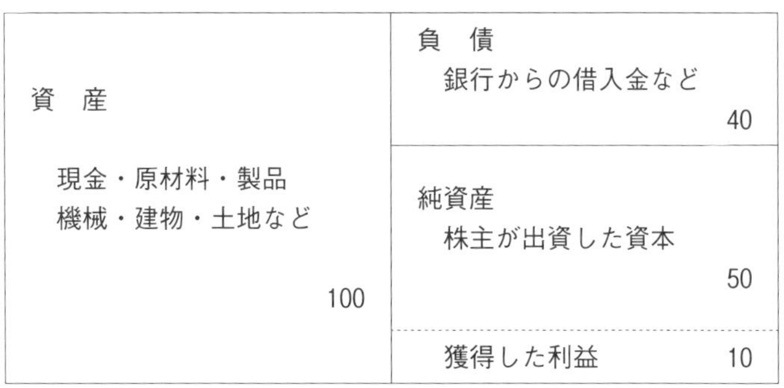

資　産
現金・原材料・製品
機械・建物・土地など
100
負　債
銀行からの借入金など
40
純資産
株主が出資した資本
50
獲得した利益
10

法は、会社の純財産のうち株主に分配できる金額を、会社が稼ぎ出した利益の部分だけに限定することである。つまり、会社の設立時やその後の規模拡張時に株主が会社に払い込んだ金額は、債権者の許可を得ない限り分配できないことにしておくのである。

これを規定したのが**会社法**の配当制限である。この制限を実践するため、会社法は**貸借対照表**という会計の書類を用いて、会社の純財産額の計算方法を明らかにするとともに、そのうち配当金として株主に分配できる部分とできない部分を区分して決めている。上の**図２－２**は、この仕組みを表したものである。

貸借対照表の右側は、会社が経営に用いている資金が、どこから集められたかを示している。これには、①会社が銀行などから借り入れたものであるため、返済しなければならない**負債**と、②株主が出資した**資本**、およびそれを利用してこれまでに獲得した利益がある。他方、貸借対照表の左側は、会社が事業のために買いそろえた財産の内訳が示されている。これらの財産を会計では**資産**とよんでいる。

資産から負債を差し引いた残額を**純資産**というが、純資産は株主が出資した資本と、資本を使って稼ぎ出した利益に区分される。このうち会社法は、これまでに獲得した利益を分配してもよいが、株主が出資した資本は分配してはならないことにしている。

したがって会社の配当が合法的なものであることを明らかにするには、会計が生み出す貸借対照表が不可欠となる。このようにして会計の書類は、会社法の**配当制限**を通じて株主と債権者の利害関係を調整するために役立てられている。

5 経営者から株主への会計報告

株式会社におけるもう１つの利害対立は、経営者と株主の間で生じる可能性がある。その原因は、株式の制度によって非常に多くの人々から資金調達が行われ、株主の人数が増えたことにある。たとえばトヨタ自動車の株主は51万人にものぼる。このため株主の全員が協力して経営に当たることができなくなり、会社の運営は一部の株主や専門家に任されるようになった。

このような現状を前提として、会社法は株式会社の仕組みを**図２－３**のように定めている。これとは別の仕組みを選択してもよいが、ここでは日本の大企業の間で最も広く採用されているものを紹介する。

会社のオーナーである株主が集まって開催する**株主総会**（Column２－１）は、会社の重要事項を決める最高の場である。しかし株主総会を頻繁に開催するのは能率的でないし、多くの株主は会社経営への関心や能力がない。そこで会社の日常的な業務執行を決定する者として、取締役が株主総会で選任され、彼らが構成する**取締役会**に経営がゆだねられる。さらにその中から選任された**代表取締役**が、会社を代表して経営業務を執行することになる。会社の経営者とよばれるのは、代表取締役を中心としたこれらの取締役であり、会社の社長には代表取締役が就任するのが一般的である。また株主は、自分たちが出資した財産を取締役に任せることになるから、取締役を監督するために、株主総会で監査役を選任して、彼らが構成する**監査役会**に監査を行わせている。

【図２－３　株式会社の仕組み】

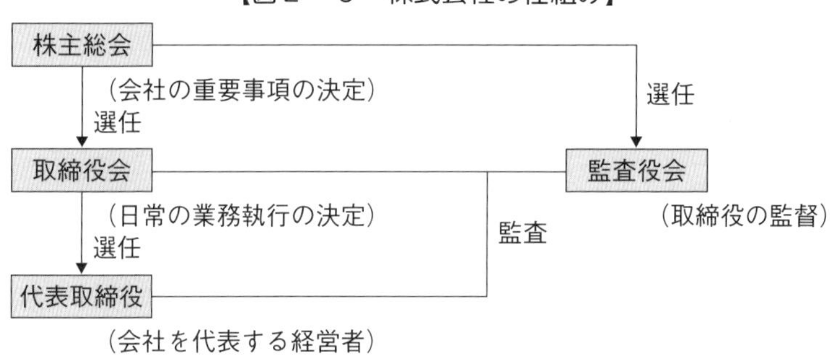

Column２－１

株主総会

株主総会は、株式会社の株主が集まって会社経営に関する重要事項を議論し決定するために開催される会合である。会社法は株式会社に対し、毎年の基準日（通常は決算日）から３ヶ月以内を期限として、少なくとも年に１回は株主総会を開催するよう求めている。

多額の新株式の発行や、他企業との合併など、企業経営に関する重要事項は株主総会を開いて決定しなければならない。その決定は、株主の人数ではなく、株式数に基づく多数決で行われる。株主がこの多数決に参加するには、株主総会の会場に出向いて投票する方法だけでなく、郵便を利用して書面で投票する方法を選ぶこともできる。また最近はＥメールでの投票制度を導入している会社もある。

会社は株主総会の２週間前までに、開催の日時と場所および議題を示した案内（招集通知という）を株主宛に郵便やＥメールで送らなければならない。その招集通知には株主総会で株主に報告される予定の貸借対照表や損益計算書を添付することになっている。

株主総会での決議事項の中には、ほぼ毎年のように行われるものとして、①取締役と監査役の選任や、②株主に分配する配当金の決定が含まれる。したがって株主は、会社から送られてきた貸借対照表や損益計算書を見て、これらに関する投票の仕方を考えることができる。たとえば、同業他社が黒字なのに自社が赤字であれば、取締役の経営能力に疑いをもつ株主は、もっと有能な人を取締役に選ぶ準備をしなければならない。また会社が提案する配当の金額が、当期の利益から見て妥当か否かを考えることも重要である。

株主総会に先立って株主に送付される貸借対照表や損益計算書を事前に読んでおくことにより、株主は株主総会で賢い投票を行うことができる。このようにして会計の書類は株主と経営者の間に生じるかもしれない相互不信や利害対立の解消に役立っている。

取締役として選任され会社の経営者になった人々は、株主が出資した資金を預かって経営を任されたわけであるから、それを誠実に管理し、株主の利益に合致するように全力を投入して会社の経営にあたらなければならない。しかし経営者が常にそのように行動するとは限らず、場合によっては株主の利益よりも、自分の個人的な利益を優先させるかもしれない。株主が経営者に対して不信をいだく可能性がないわけではないのである。

しかし会社の経営が順調に行われるには、株主と経営者の間でそのような相互不信が生じないようにしなければならない。そのための手段として利用されるのが、経営者から株主への会計報告である。

経営者は、前述の貸借対照表を作成することにより、株主と債権者から集めた資金が、原材料や機械などの購入に充てられている状態を表すことができる。また、**図２－４**に示す**損益計算書**とよばれる書類を作成することにより、経営者が全力を投入して経営を行った結果として、会社が１年間でいくらの利益を獲得したかを明らかにすることができる。損益計算書では、製品の売上高などの**収益**から、販売した製品の生産コストや従業員に支払った給料および支払利息などの**費用**を差し引いた差額として、利益が計算される。

したがって経営者は、貸借対照表や損益計算書を中心とした会計の書類を作成して株主に報告すればよい。それにより経営者は、株主から預かった資金を誠実に管理・運用し、十分な経営能力を発揮して利益を達成したことについて、株主に納得してもらえるようになる。このようにして会計の書類は、経営者に対する株主からの不信感を解消するのに役立てることができる。

そのために会社法は、取締役が１年ごとに貸借対照表や損益計算書などの書類を作成し、それが正しいことを監査役に調べてもらってから株主総会に提出し、株主に報告したり承認を受けるべきことを定めている。

このように現代の社会において会社法に基づく会計は、企業をめぐる主要な利害関係者である経営者・株主・債権者の間で生じる可能性がある相互不信や利害対立を解消したり調整するのに役立てられている。この側面で財務会計が果たす役割を**利害調整機能**という。

【図２－４　損益計算書による利益計算】

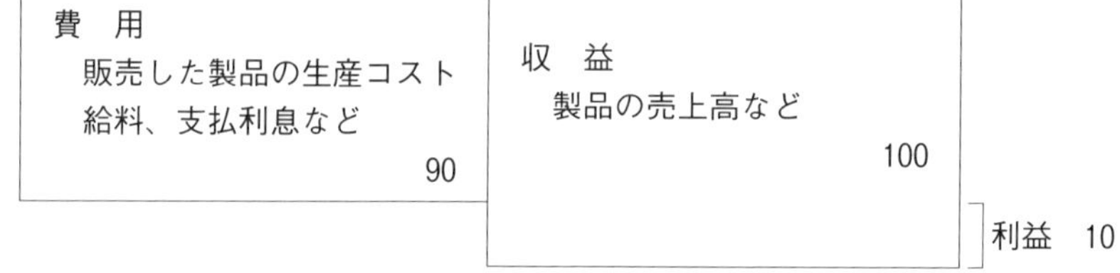

6　株式投資の判断情報

株式会社の株主になるには、金融商品取引所（Column２－２）で株式を買わなければならないが、日本に約254万社ある株式会社のうち、金融商品取引所で株式が売買されているのは約3,700社だけである。もし不良な会社の株式が出回ると多くの人々に損害が及んでしまうから、取引所は、大規模な優良会社にしか、株式の売買を許可していないのである。取引所の審査に合格して株式が取引されている会社を上場会社といい、そのような株式が取引される場を証券市場という。

近年における証券市場の発達は、株主が経営者との利害対立関係のもとで自己の財産を保全する新しい方法を生み出し、会計報告に対する株主の用途を変化させた。経営者の誠実性や能力に疑問を持つ株主は、自分が保有する株式を証券市場で転売して、自己の財産を容易に保全することができるようになったのである。

それに伴い多くの株主は、経営者の人選や経営の意思決定に参加することよりもむしろ、株式投資から得られる利益に関心をもつように変わった。そしてこの変化が会計報告の用途を、経営者の誠実性や経営能力を評価する目的から、どの会社の株式をどう売買すれば最も多くの投資利益が得られるかを判断するための情報とし

【写真２－１　日本取引所・外観】

筆者撮影

Column 2 - 2

金融商品取引所

金融商品取引所は上場会社の株式などが取引される場であり、日本には東京・名古屋・札幌・福岡にある。大阪の取引所は東京に合併された。取引所では主として株式と社債が売買されている。

株式は株式会社のオーナーとしての権利を表すものであり、代金を払ってこれを買えば株主総会に出席できるし、会社が儲けた利益の一部を配当金として受け取ることもできる。株式をもっていればこの権利は永遠に続くが、お金が必要になれば株式を売ればよい。買った価格より高い値段で売れれば差額は株主の利益となる。

これに対し、社債は会社にお金を貸したことを表す証書であり、前もって決められた年数が過ぎると、会社によってこの証書が買い戻される。それまでの間は、社債を購入して保有している人に対して、前もって決められた利子率で会社から利息が支払われる。しかし株式と異なり、社債を保有していても株主総会に出席することはできない。

会社は株式や社債を発行することによって、工場の増設など経営に必要な資金を調達することができる。会社は発行しようとする株式や社債の買い主を自分で捜してきてもよいが、証券市場には多くの投資者が集まるので、証券市場でこれを行うほうが便利である。しかしそのためには、株主数・純資産額・利益額など、大規模な優良企業として金融商品取引所に認められるための条件を満たさなければならない。この条件を満たして日本で株式が上場されている約3,700社はいずれも日本経済を支える有力企業である。

証券市場での取引には2つのタイプがある。1つは、会社が新規に発行する株式や社債を投資者が購入する取引であり、そのための市場は「発行市場」とよばれる。この取引は会社にとっての資金調達を意味する。いま1つは、会社が過去に発行した株式や社債が、投資者どうしの間で売買される取引である。そのための市場を「流通市場」という。

て使うことへとシフトさせたのである。株式などの証券に投資を行う人々は**投資者**とよばれる。

こんにち投資者が経済全体の中で果たす役割はますます重要になっている。企業が工場の増設や新製品の開発などのために資金を調達する場合に、新しく株式を発行して証券市場でこれを投資者に売ることによって、必要な資金を集めているからである。しかも市場で売買される株式の価格が高い企業ほど、同じ１株式を発行しても、より多くの資金を集めることができる。このことから分かるように、家庭で貯蓄された資金が株式投資を通じて各企業にいくらずつ配分されるかを決めているのは、証券市場で成立している株式の価格なのである。

したがって各企業の株式の価格が、その企業のもつ純資産や利益を生み出す能力を反映して適切に決められていることが、国全体の経済のためにも重要である。このため上場会社など、多くの投資者に大きな影響を及ぼす企業に対しては、会社法のほかに**金融商品取引法**とよばれる法律が適用される。この法律は、貸借対照表や損益計算書などの会計の書類を**財務諸表**とよび、この法律の適用を受ける上場会社などが財務諸表を定期的に作成して、金融庁や金融商品取引所に届け出ることを求めている。

届け出られた財務諸表は金融庁のウェブサイトに収録され、インターネットを通じて誰でも自由にこれを見ることができる。この制度は、証券投資に役立つ情報を提供して投資者を保護することにより、証券市場がその役割を順調に果たすことができるようにする目的で設けられたものである。財務会計に期待されるこの新しい役割は**情報提供機能**とよばれている。

株式投資にとって重要なことは、今年は会社がいくらの利益をあげたのか、前年より増えたのか減ったのかなど、会社の業績を早く知ることである。予想したより利益が多ければ、その会社の株式は値上がりするだろうから、値上がりしてしまう前に早く買わなければならない。逆に、利益が少なければ、値下がりしてしまう前に早く売らなければならない。したがって会社が利益を発表した日は、証券市場で取引される株式の数が、通常の時期よりも目立って多いはずである。

次の**図２－５**は、それが実際に起こっているか否かを調査した結果である。図の横軸には、会社が利益額を金融商品取引所で発表した日をゼロとして、前後それぞれ10日間の調査期間が示されている。縦軸は、通常の期間の株式売買数に比べて、それぞれの日の売買数が何%多いかを表している。

図から明らかなように、会社が利益を発表した日には、平常期間より20%も多い株式数が取引され、その翌日には発表した利益額が新聞で報道されるから、平常期間より50%も多い数の株式が取引されている。

このことから、投資者は会社の利益業績に重要な関心をもっており、利益の情報が新しく発表されると、それに基づいて株式の売買を引き起こすことがわかる。

【図２－５　利益発表に対する市場の反応】

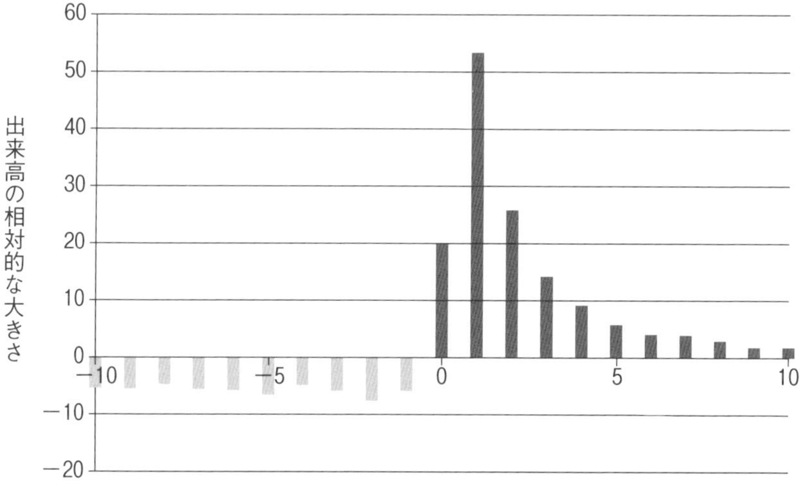

出来高の相対的な大きさ

60
50
40
30
20
10
0
−10
−20

−10　−5　0　5　10

決算発表日を０とした日次

出所：音川和久『投資家行動の実証分析』中央経済社、2009年、102頁

7 会社の儲けに課される税金

日本には40種類以上の税金が存在するが、何に対して課される税金かという観点から、次の３種類に分類することができる。①個人の給与や企業の利益などの「所得」に課される税金、②固定資産税や相続税のように「財産」の保有や移転に課される税金、および③酒税・ガソリン税・消費税のように「消費」に対して課される税金がそれである。

このうち企業の会計と直接に関係するのは、①の所得に対する税金である。株式会社の所得には３種類の税金が課される。国に納める法人税と、都道府県や市町村に納める住民税および事業税がそれである。このうち法人税の金額は、**課税所得**に23.2％を乗じて計算することが**法人税法**で定められている。住民税や事業税についてもそれぞれの法律で同様の規定がある。

課税所得の金額は、会社法の規定に基づいて損益計算書で計算された利益を基礎とし、これに税法特有の調整を加えて、**図２－６**に例示するような手順で計算される。

【図２－６　課税所得の計算】

損益計算書で計算した利益額	250
＋税法特有の加算項目 （たとえば交際費の限度超過額）	70
－税法特有の減算項目 （たとえば受取配当金）	△20
課税所得の金額	300

たとえば取引先の接待にかかる交際費は、損益計算書の利益計算で費用として控除されているが、法人税法は課税所得の計算では所定の限度までしか控除できないことにしているから、その限度を超えた金額は加え戻さなければならない。また企業が他社から受け取った配当金は、損益計算書で利益計算に含められているが、これは他社が課税後の利益を分配したものであるから、配当を受け取った企業でも課税されると２回も税金がかかることになる。そこで法人税法は受取配当金を課税所得から除くことにしている。これらが税法特有の調整項目の例である。

このような調整が加えられるとはいえ、課税所得を計算する場合の出発点は、損益計算書で計算された利益の金額である。したがって会計の利益計算は、企業が負担すべき税金を計算する場合の基礎としても、現代の経済社会で重要な役割を果たしているのである。

8　おわりに

企業の会計は、企業みずからが利益の計算を通じて、経営の成功や失敗の度合いを把握するために自発的に行うものである。しかし、こんにちでは企業が利害関係者に及ぼす影響が増大したため、企業の会計にも法律の規制が加えられていることを、この章で説明した。

そのような日本の法律は、会社法・金融商品取引法・法人税法の３つである。会社法は経営者・株主・債権者の間の利害調整のために会計の報告を要求している。上場会社に適用される金融商品取引法は、投資者の保護と証券市場の運営のために、会計情報の提供を会社に求めている。また会計の利益計算は、法人税法による税金の計算にも利用される。

次の章では、利益を計算する方法として500年以上も前から使われてきた簿記の技術を用いて、貸借対照表と損益計算書を作成する手順を解説する。

？考えてみよう

1．日本の法律で企業の会計に影響を及ぼすものを３つ挙げ、それぞれがどんな影響を及ぼしているか考えてみよう。

2．企業は法律の強制がなければ会計を行わないのか、それとも強制がなくても自発的に会計を行うだろうか、考えてみよう。

3．大企業の中には、外国人が株主になっていたり、海外の市場で株式を上場している会社があるが、このようなグローバル化が企業の会計にどんな影響を及ぼすか考えてみよう。

次に読んで欲しい本

桜井久勝『会計学入門（第５版）』日本経済新聞出版社、2018年。

桜井久勝『財務会計講義（第21版）』中央経済社、2020年。

神田秀樹『会社法のきほん（第２版）』ナツメ社、2020年。

神田秀樹『会社法（第22版）』弘文堂、2020年。

須田一幸（編著）『会計制度の設計』白桃書房、2008年。

第3章

会計の仕組み

1　はじめに

2　貸借対照表

3　当期純利益

4　損益計算書

5　おわりに

1 はじめに

みなさんは誰かと友達になろうとするとき、まずその人のプロフィールを知りたいと思うだろう。出身地が同じとか共通の趣味があるなど、相手のことがよく分かってくるにつれて、その人との親密さが深まるに違いない。企業との関係も同じである。私たちがある企業と関わりを持つ（ものを売る・買う、お金を貸す・借りる、就職する、など）ときには、その企業のことをよく知りたいと考える。企業のことが十分に分かると、信頼をしてその関係を深めていくことができるのである。

企業はこうした私たちの要望に応えて、自らの状況に関する情報を提供しなければならない。しかし、企業と関わりを持つ人（**利害関係者**という）は大勢いるし、知りたいと思っている内容も多様であるから、すべての人の要望に応えることはできない。そこで、多くの人が共通して関心を持っていると思われることを報告書にしてまとめ、情報を提供していくのである。その内容は、主として次の２つである。

① 企業がどのぐらい財産を保有しているのか、またどのぐらい借金を抱えているのか（これを「財政状態」という）。

② 企業がどのぐらいの儲（もう）けをあげているのか、または損をしているのか（これを「経営成績」という）。

①を示すために作成される報告書を貸借対照表、②を示すために作成される報告書を損益計算書という。この章では、これらの報告書が作成されるまでの流れを、簡単な個人商店の例を使いながら解説していく。

2 貸借対照表

資金を集める

何か商売を始めようとするとき、まず必要になるのは資金（お金）である。ここでは、ある人が個人で商売を始める（個人商店）にあたり、30万円の資金をお店に投下した（これを元入れという）としよう。ただ、これだけでは資金が十分ではないので、銀行から資金を借り入れて、さらに20万円の資金を集めたとしよう。

これで合計50万円の資金を用意したことになるが、それが「誰のものか」を考えてみよう。50万円のうち30万円は、商売を始めようとする人（お店の店主）が出した部分であるから、「自分のもの」である部分といえる。一方、20万円は借りた部分であり、借りたお金は返さないといけないから、「他人のもの」である部分といえる。

ここで、お店の資金が「誰のものか」というのを、会計の用語で「資金の調達源泉」という。そして、その調達源泉を考えたとき、「自分のもの」である部分を**「資本」**、「他人のもの」である部分を**「負債」**という。

【表３－１　資金の調達源泉】

集めた資金 50万円	銀行から借りた 20万円	→他人のものである部分 ＝「負債」
	店主が出した（元入れ） 30万円	→自分のものである部分 ＝「資本」

⇒誰のものか？（資金の調達源泉）

資金を使う

こうして商売に必要な資金は用意できたが、お金を持っているだけでは商売にはならないので、集めた資金を使って商売に必要なものを購入していくことになる。まず、お店にきたお客さんに売る品物（これを商品という）が必要であるから、50万円のうち25万円を出して商品を購入したとしよう。さらに、商品を並べておく棚やお客さんと応対するための机・椅子など（これらを総称して備品という）も必要であるから、残りの資金のうち15万円を出して備品を購入したとしよう。

これでこのお店には、25万円の商品と15万円の備品、そして10万円の現金があることになるが、これらは何を意味しているであろうか。はじめに集めた50万円の資金のうち、25万円が商品の購入に、15万円が備品の購入に使われ、結果として10万円の現金が残っているという状態であるから、商品・備品・現金というのは、はじめに集めたお金が何に使われているか（使いみち）を意味しているといえる。

【写真3－1　商品と備品】

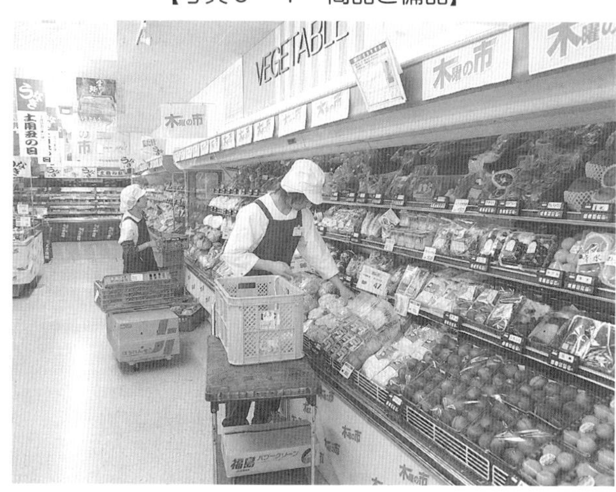

写真提供：株式会社ダイエー

ここで、集めた資金を「何に使っているか」というのを、会計の用語で「資金の運用形態」という。そして、資金の運用状態（お金の使いみち）である商品・備品・現金といった財産を総称して「資産」という。

【表3－2　資金の運用状態】

使いみち←
=「資産」

現　金	10万円	負　債	20万円
商　品	25万円	資　本	30万円
備　品	15万円		

何に使っているか？　⇐
（資金の運用状態）

財政状態を明らかにする貸借対照表

こうして資金の調達源泉と運用形態を左右に対比して示すことにより、このお店がどのような財産をどれだけ持っているか（左側）、またそのうちどれだけが借金

（負債）によってまかなわれているか（右側）が分かる。すなわち、企業の「**財政状態**」が明らかになるのである。

この「財政状態」を明らかにするために作成される報告書が「貸借対照表（Balance Sheet、B/Sと略される）」である。貸借対照表は、左側に資産（資金の運用状態）、右側に負債および資本（資金の調達源泉）を示すもので、**表３－３**のような様式になる。

貸借対照表の左側の合計額（すなわち資産の合計額）と右側の合計額（すなわち負債と資本の合計額）は、必ず同じ金額（ここでは500,000円）で一致する。この関係を式で表すと次のようになる。

【表３－３　貸借対照表】

貸借対照表

現金	100,000	借入金	200,000
商品	250,000	資本金	300,000
備品	150,000		
	500,000		500,000

（注１）　資産を記載する順番にはきまりがある。詳しくは第４章を参照。
（注２）　貸借対照表では「資本」を「資本金」と表記しているが、資本と資本金の違いはここでは気にしなくてよい。

資産 ＝ 負債 ＋ 資本

これを「貸借対照表等式」という。またこの式は、次のように書き換えることもできる。

資産 － 負債 ＝ 資本

この等式を「資本等式」という。この式からみると資本とは、資産から負債を差し引いた残額であり、負債を引かれてもなお残る「自分にとっての正味の財産分（純資産）」ということができる。

なお、株式会社の貸借対照表では、「資本の部」のことを「純資産の部」というが、ここで前提としている個人商店においては、資本と純資産に違いはないので、本章では資本という用語を用いて説明を進める。

3 当期純利益

商品を販売する

以上の例で、企業が商売を始める時点での財政状態が明らかになった。ただし、この状態は一定ではなく、この企業が商売を行っていく中で刻々と変化する。ここでは、企業が実際に商売を行ったケースを示すことによって、その変化の様子をみていくことにしよう。

開店した後、お客さんがやってくるようになった。そして、商品のうち100,000円分を、儲けを上乗せした値段（売価という）である130,000円でお客さんに販売し、代金として現金を受け取ったとしよう。では、この時点で貸借対照表を作成するとすれば、どのようになるであろうか。

【表3－4　商品販売時点での貸借対照表】

（代金の受け取り）

貸借対照表

現　金	230,000	借入金	200,000
商　品	250,000	資本金	430,000
備　品	150,000		
	630,000		630,000

130,000円増加している

（商品の引き渡し）

貸借対照表

現　金	230,000	借入金	200,000
商　品	150,000	資本金	330,000
備　品	150,000		
	530,000		530,000

100,000円減少している

商品の代金130,000円だけ現金は増加するので、現金は230,000円になる。商品については後述するとして、備品や借入金はここでは変化はない。すると、貸借対照表の左側と右側の金額が必ず一致するというルールから、資本金が430,000円に増加することになる。

一方、お客さんに100,000円分の商品を引き渡すので、商品は150,000円に減少する。すると、資本金が330,000円に減少することになる。

このように、商品を130,000円で販売したことで資本金が増加し、また

100,000円分の商品を引き渡したことで資本金が減少していることに注意してほしい。

給料を払う

商売が本格的に始まると、店主が一人でお店を切り盛りすることはできないから、従業員を雇うことになるであろう。そうすると、その人に給料を支払わなければならない。ここでは、従業員に10,000円の給料を現金で支払ったとしよう。では、この時点で貸借対照表を作成するとすれば、どのようになるであろうか。

【表３－５　給料支払い時点での貸借対照表】

貸借対照表

現　　金	220,000	借 入 金	200,000	
商　　品	150,000	資 本 金	320,000	←10,000円減少している
備　　品	150,000			
	520,000		520,000	

給料を支払った10,000円だけ現金は減少するので、現金は220,000円になる。また、商品、備品、借入金には変化はない。すると、貸借対照表の左側と右側の金額が必ず一致するというルールから、資本金が320,000円に減少することになる。

ここでも、給料を10,000円支払ったことにより、資本金が減少していることに注意してほしい。

資本金の増加分＝当期純利益

表３－３と**表３－５**を比較すると、資本金が20,000円増加しているのが分かる。すでに述べたように、資本とは「自分のもの」である部分、また負債を引かれてもなお残る「自分にとっての正味の財産分」であるから、それが増加したということは、商売を通じて「儲け」が得られたことを意味する。この儲け、すなわち資本金の増加分を会計の用語で「**純利益**」という。

ところで、この儲け（純利益）はいつ計算することができるであろうか。たとえば、イベントでフリーマーケットを出店するとか、学園祭で模擬店を出すという場

Column 3 − 1

複式簿記と取引

本章の例のように、企業が商売を行うたびに貸借対照表を作成することは現実には不可能である。よって、企業が貸借対照表や損益計算書を作成するためには、日頃の商売の内容を記録しておかなければならない。その記録のために用いられる技術が「簿記」である。とくに、こんにち用いられている簿記は、たとえば「現金の借入れ」という１つの事柄を、「現金（資産）の増加」と「借入金（負債）の増加」という二面からとらえて記録をするので、**「複式簿記」**といわれる。

この複式簿記を行う目的は、最終的には貸借対照表や損益計算書を作成するのに必要なデータを用意することにあるから、記録の対象となるのは資産・負債・資本・収益・費用に変化をもたらす事柄であり、これを**「取引」**という。ただし、取引という用語は一般的にも使われるが、その意味する内容は少し異なる。たとえば「お店に泥棒が入って商品を盗まれた」という出来事は、一般的には取引とはいわないが、商品という資産に変化をもたらすから、簿記では取引となり、記録の対象となる。一方、何かを売ったり買ったりする約束（商談）がまとまることを、一般的には「取引成立」などというが、この場合には約束をしただけで現金を払ったり商品を引き渡したりしたわけではないから、簿記では取引とはならず、記録の対象とはならない。こうした違いがあるので、簿記でいう取引のことをとくに「簿記上の取引」ということがある。

なお、簿記は「帳簿記入（記録）」の略語といわれ、取引を一定のルールに従って帳簿に記入していくことになる。その帳簿には、取引の発生順に記録を行う「仕訳帳」と、取引によって影響を受けた項目ごとに記録を行う「総勘定元帳」がある。

合、儲けを計算するのはイベントや学園祭が終了して、お店をたたむときであろう。しかし、通常の企業の場合は、倒産しない限り半永久的に商売を続けることを前提にしているので、お店をたたむ時を待って儲けを計算することはできない。そこで、「○年○月○日から×年×月×日まで」というように期間を区切り、この期間中にどれだけの儲けが得られたかを計算するのである。こうして計算される儲けは、「当期間における正味の儲け」として、会計の用語で「**当期純利益**」という。

当期純利益は、区切られた期間の最後の時点（期末という）における資本金と、最初の時点（期首という）における資本金の差額として計算される。上述の例において、20X1年１月１日から同年12月31日までの１年間を儲けを計算する期間とし、表３－３が１月１日の状態、表３－５が12月31日の状態だとすれば、この１年間の当期純利益は20,000円（320,000円－300,000円）となる。

企業の儲けを明らかにするには、この当期純利益を示すことが不可欠である。そこで、期間を区切って儲けを計算する場合、貸借対照表における資本金は、期間の最初における資本金（期首資本金）を記載し、期間中の資本の増加分である当期純利益は別に表示する。したがって、貸借対照表は次のようになる。

【表３－６　期末における貸借対照表】

貸借対照表

20X1年12月31日現在

現　　金	220,000	借　入　金	200,000	
商　　品	150,000	資　本　金	300,000	←期首（表３－３）の資本金
備　　品	150,000	当期純利益	20,000	←資本の増加分である当期純利益
	520,000		520,000	

4 損益計算書

収益と費用

本章の最初で、企業が報告書にまとめる内容は、財政状態と**経営成績**であると述べた。経営成績とは、「企業がどのぐらいの儲けをあげているのか、または損をしているのか」という意味であるから、貸借対照表を作成すれば、財政状態のみならず経営成績も明らかにされると思われるかもしれない。しかし貸借対照表では、当期純利益の金額、つまり儲けの大きさしかわからない。経営成績を明らかにするには、儲けが得られた原因（どんな商売をして儲けが得られたのか）も明らかにしなければならないのである。

そこで、儲けが得られた原因を示して経営成績を明らかにするため、もう１つの報告書が作成される。それが「損益計算書（Income StatementまたはProfit and Loss Statement、P/Lと略される）」というものである。

損益計算書には、「収益」および「費用」というものが記載される。ここで**「収益」とは、資本を増加させる原因のことをいう**。すでに述べたように、資本の増加は儲けを意味するから、収益は儲けにプラスとなる要素であるといえる。上の例では、130,000円で商品を販売したことにより資本が増加しているので、ここで収益が発生していることになる。この収益を「売上高」という。

【写真3－2　商品の売上】

写真提供：株式会社ダイエー

一方、**「費用」とは資本を減少させる原因**のことをいう。収益とは反対に、資本を減少させることになる費用は、儲けにマイナスの要素であるといえる。上の例では、100,000円の商品を引き渡したこと、および10,000円の給料を支払ったことにより資本が減少しているので、ここで費用が発生していることになる。商品を引き渡すことによって発生する費用を「売上原価」という。また「給料」も、お店の立場からすれば財産の減少を意味するから、費用となる。

当期純利益と損益計算書

損益計算書には、一期間に発生したすべての収益および費用を記載する。収益は右側に、費用は左側に示され、収益と費用の差額として計算される当期純利益が費用の下に示される。収益・費用・当期純利益の間には、「収益－費用＝当期純利益」という関係が成立するが、これを並び替えると「費用＋当期純利益＝収益」となる

Column３－２

会計期間と決算

本文中でも述べたように、通常の企業は倒産しない限り半永久的に商売を続けていくことを前提にしているので、商売をやめる時を待って純利益を計算することはできない。そのため、人為的に期間を区切って計算を行うことになる。この期間を**「会計期間」**という。会計期間は通常１年である。本章で例にあげた個人商店の場合、会計期間は１月１日から12月31日までの１年間である。一方、株式会社の場合は、４月１日から翌年３月31日までの１年間を会計期間とする会社が多い。

企業は、この会計期間中に行われたすべての取引を記録（Column３－１参照）しておく。そして期間終了後、記録された内容を集計して貸借対照表や損益計算書を作成することになる。この集計の作業を「決算」という。

決算において重要な作業に**「決算整理」**とよばれるものがある。会計期間中に記録された内容は、企業の経済的な実態を反映していないことがある。そういった事項を修正し、より適切な当期純利益を算出できるようにするのが決算整理である。

たとえば、本章の例では備品150,000円が貸借対照表に記載されているが、この備品は１年間、企業の事業活動において用いられたのであるから、新品のときに比べてその価値は低下しているはずである。そこで期末において、備品の価値の低下分を見積るとともに、同額を費用として認識する「減価償却」という手続が行われる。また、本章の例では借入金200,000円に関する利息が支払われていないが、利息の計算期間は経過しているはずである。そこで、期末までに経過した日数に相当する利息を費用（支払利息）として認識しなければならない（これを「費用の未払い」という）。

こうした決算整理を行うことによって、企業の経済的実態を反映した貸借対照表や損益計算書が作成できるようになる。

（これを損益計算書等式という）から、損益計算書の左側の合計額と右側の合計額も必ず一致する。上の例に基づき損益計算書を作成すると、**表３－７**のようになる。

なお、収益が費用よりも少なかった場合には、その差額分だけ資本が減少することになる。「自分のもの」である資本が減少することは、商売を通じて損をしたことを意味する。これを「当期純損失」という。当期純損失が計算された場合には、

【表3－7　損益計算書】

損益計算書

自　20X1年1月1日　至　20X1年12月31日

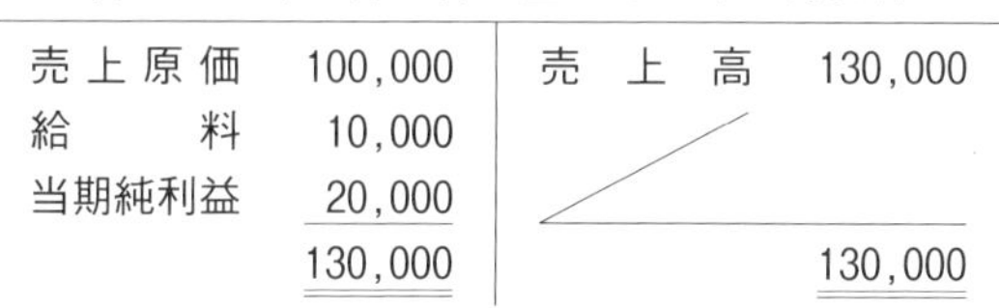

売上原価	100,000	売上高	130,000
給　　料	10,000		
当期純利益	20,000		
	130,000		130,000

（注）備品に関する減価償却費や、借入金に関する支払利息は、ここでは考慮しないことにする。詳しくはColumn３－２参照。

損益計算書では右側の収益の下にそれが示されることになる。

5 おわりに

本章では、貸借対照表および損益計算書の仕組みについて説明した。貸借対照表は、資産・負債・資本を示し、ある時点における企業の財政状態（財産や借金の状態）を明らかにする。また損益計算書は、収益・費用・当期純利益を示し、一期間における企業の経営成績を明らかにする。

最後に、貸借対照表と損益計算書の関係について明らかにしておこう。両者の関係を表で示すと次のようになる。

【表３－８　貸借対照表と損益計算書の関係】

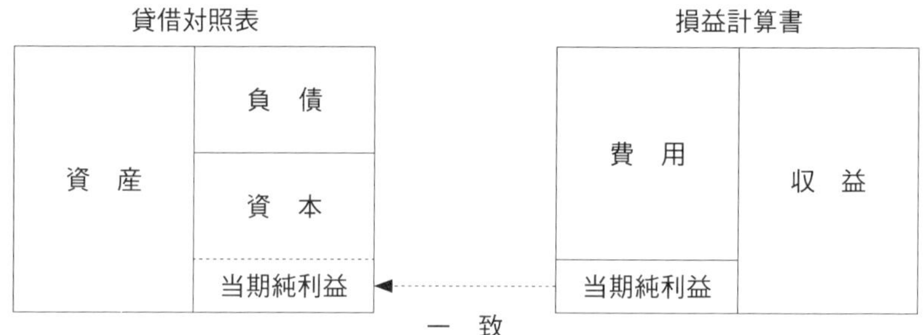

貸借対照表では、期間中の資本の増加分である当期純利益が示される。一方、損益計算書では、収益と費用の差額である当期純利益が示される。ここで収益は資本

の増加原因、費用は資本の減少原因であるから、貸借対照表における当期純利益と損益計算書における当期純利益は必ず一致する。

貸借対照表では「自分にとっての正味の財産分である資本が増加した」ものとして当期純利益が計算されるので、財産の裏付けがある利益が明らかにされる。しかし、当期純利益が「どのような商売によって得られたか」という原因は明らかにされない。

損益計算書では、資本の増加原因あるいは減少原因が示されているので、当期純利益が得られた原因が明らかにされる。しかし、「財産がどれだけあるのか」という裏付けは明らかにされない。

このように、貸借対照表と損益計算書は相互補完的な関係にある。よって、企業がその状況を十分に伝えるためには、貸借対照表と損益計算書の両方を作成し、公表することが不可欠であるといえる。

？考えてみよう

1．資産が500,000円、負債が100,000円、資本が400,000円という企業は、表３－３の状態にある企業と比べ、財政状態が良いか悪いか考えてみよう。

2．表３－７において当期純利益は20,000円であるが、これをもっと増やすにはどうしたらよいか。損益計算書を見ながら考えてみよう。

3．損益計算書は、私たちの家庭にある家計簿やお小遣い帳などと、どこが違うか考えてみよう。

参考文献

桜井久勝『財務会計講義（第21版）』中央経済社、2020年。

次に読んで欲しい本

桜井久勝・須田一幸『財務会計・入門（第13版）』有斐閣、2020年。
伊藤邦雄『新・現代会計入門（第４版）』日本経済新聞出版社、2020年。
内藤文雄『会計学エッセンス（第４版）』中央経済社、2020年。

第4章

貸借対照表

1　はじめに

2　貸借対照表の役割

3　流動型企業と固定型企業の比較

4　資　　産

5　負　　債

6　純 資 産

7　おわりに

1 はじめに

みなさんは自分がどれほど金持ちか考えたことがあるだろうか。もしあなたが大学生であれば、普通預金や教科書およびテレビ・机・冷蔵庫などの若干の家財道具や、通学用のバイクまたは自転車など、持っている財産はあまり多くないかもしれない。他方、大学を卒業して就職してから返済することを約束して、今までに奨学金の形で学費の一部を賄っているのであれば、それはマイナスの財産として覚えておかなければならない。プラスの財産からマイナスの財産を差し引いた残額が、あなたの純財産（正味の財産）なのである。

ここまではあなた個人の立場で考えたが、両親や兄弟も含めたあなたの家庭全体の観点から考えれば、住んでいる家具や敷地が自分のものなら、それも家庭のプラスの財産である。しかし家を買った時の住宅ローンがまだ残っているなら、純資産の計算時に、残額をマイナスの財産として控除しなければならない。

会計ではプラスの財産を「資産」とよび、マイナスの財産を「負債」とよぶ。資産から負債を差し引いた残額が「純資産」である。

みなさんが自分の生活を見直したり将来の計画を立てようとすれば、現時点で自分個人や家庭全体に、いくらの資産と負債があって、純資産がいくらであるのか、よく知っておかなければならない。それは企業が経営を考える場合も同じである。そのために企業が作成するのが「貸借対照表」である。この章では、そのような貸借対照表の役割や仕組み、および主要な内容について学習する。

2 貸借対照表の役割

第３章で説明されたように、**貸借対照表**は、決算日など、ある一定時点における企業の資産・負債・資本の金額を表示した表のことをいう。貸借対照表は、**バランスシート**（Balance Sheet）ともいい、B/Sと略されることがある。

貸借対照表は、第９章で学習する損益計算書とともに、企業の財務業績を報告する主要な財務諸表の１つとされている。貸借対照表は、決算日に企業が持っている資産と、企業が返済しなければならない負債の金額を対比して、差額として純資産

Column 4 - 1

営業循環基準と１年基準

貸借対照表において、資産は流動資産と固定資産に区分して表示され、負債も流動負債と固定負債に区分して表示されている。このような区分表示を行うためのルールが、営業循環基準（operating cycle basis）と１年基準（one year rule）である。

営業循環基準は、企業の本来の営業プロセスである、原材料の仕入→製品の生産→販売→代金の回収というサイクルの中にある資産や負債をすべて流動資産と流動負債とするルールである。

このため、営業循環基準では、たとえばワインの醸造などのように原材料の仕入から代金の回収まで１年以上かかる場合でも、企業の本来の営業プロセスに含まれる在庫品は、すべて流動資産に分類する。

１年基準は、決算日の翌日から起算して１年以内に回収される資産を流動資産とし、１年以内に支払期限が到来する負債を流動負債とする。したがって、１年基準では、決算日の翌日から回収まで１年以上かかる資産は固定資産となり、同様に決算日の翌日から支払期限まで１年以上ある負債は固定負債となる。

会計実務上は、まず、営業循環基準を適用して営業循環の中にある項目をすべて流動項目として判断することになっており、営業循環基準では判断できない項目に関しては１年基準を適用することになっている。

を表示するのに対し、損益計算書は売上による収益から各種費用を差し引いて利益を計算するために作成される。したがって決算終了後の貸借対照表には、企業が開業してから、その年度までの活動結果が、資産・負債・資本（純資産）の残高として金額で表示されることになる。

貸借対照表は、企業が事業活動に必要とする資金をどのように調達して、それをどのように使っているかを示している。例えば、企業が資金を銀行から借り入れたときは負債として記載し、株券を発行して株主から拠出（これを資金の払い込みという）を受けたときは資本に表示する。よって負債と資本は資金の調達原泉とよばれ、企業が資金をどのように調達したかを示している。

一方、調達された資金は、企業の中で商品、建物、機械装置など、さまざまな経営資源に投下されるが、これらは資産に表示される。よって資産は資金の運用形態とよばれ、企業が調達した資金をどのように運用しているかを示している。

ここで企業は、調達した負債と資本の合計額をさまざまな資産に投下していることから、[資産＝負債＋資本] という等式が常に成立する。これを貸借対照表等式という。

さらに、資産は、比較的短期間に換金（現金化）される流動資産と、それ以外の固定資産に区分され、負債も短期間に返済が必要になる流動負債と、それ以外の固定負債に区分される。この区分を行う基準（営業循環基準と１年基準）については、Column４－１で解説している。

3 流動型企業と固定型企業の比較

表４－１は、ユニクロを経営し小売業界に属する企業である株式会社ファーストリテイリングの2019年の連結貸借対照表をもとにしてまとめたものである。つまりファーストリテイリングの企業グループ全体を１つの会社のように考えて作成した貸借対照表である。

なお、同社は2014年８月期末決算より、連結財務諸表（親会社を頂点とする企業集団全体について作成した財務諸表のこと）について国際財務報告基準（IFRS）を任意適用している。

ファーストリテイリングの資産の内訳は、流動資産が81.5%に対して非流動資産が18.5%となっており、流動資産のウェイトが顕著に高くなっている。特に、現金及び現金同等物は10,865億円にものぼっており、資産の合計額である総資産20,105億円の54%にも及んでいる。したがって、ファーストリテイリングを流動型企業とみなすことができる。

なお、同社が日本基準を適用していた2008年は流動資産が65.2%に対して、固定資産が34.8%であったことから、2019年は流動資産のウェイトが一層高まっていることが分かる。また、2008年は現金及び預金（有価証券を含む）は1,701億円で総資産4,047億円の42%を占めていたことから、2019年は現金及び現金同等物の比率も高まっているといえる。なお、IFRSの任意適用に伴い、勘定科目名とその内訳は若干変更になっている。

一方、負債については、流動負債が23.7%に対して非流動負債が27.4%と非流動負債のウェイトが若干高くなっている。また、流動負債と非流動負債を合わせた

【表４－１　ファーストリテイリングの連結貸借対照表】

2019年８月31日

流動資産 81.5%	現金及び現金同等物 10,865億円　54%	流動負債 23.7%	買掛金及びその他の短期債務 1,917億円　9.5%
	たな卸資産 4,105億円　20.4%		
	その他	非流動負債 27.4%	金融負債 4,999億円　24.9%
非流動資産 18.5%	有形固定資産 1,620億円　8%		
	のれん以外の無形資産 601億円　3%	純資産 48.9%	利益剰余金 9,287億円　46.2%
	その他		その他
総資産合計 20,105億円　100%		負債・純資産合計 20,105億円　100%	

負債が51.1％に対して資本（純資産）が48.9％と、負債のウェイトが若干高くなっている。

資産合計から負債合計を差し引いた残額は、貸借対照表では「純資産」として示される。純資産の中心は「株主資本」である。これには、株主が拠出した資本と、それを活用して得た過去の利益の蓄積分が含まれる。

貸借対照表の純資産の部には、このような株主資本だけでなく、その他の項目も含まれるので、「資本」でなく「純資産」という用語を用いるのである。

ファーストリテイリングの場合、過年度の利益留保額である利益剰余金が9,287億円と、負債と純資産の合計額である20,105億円の46.2％にものぼっている。

ファーストリテイリングでは、他の多くの企業と同様に、資産を流動資産・非流動資産の順に、また負債を流動負債・非流動負債の順に配列している。これを流動性配列法という（Column４－２）。

これに対し、**図表４－２**は、電力業界に属する企業である関西電力株式会社の連結貸借対照表をもとにしてまとめたものである。

【表4－2　関西電力の連結貸借対照表】

2019年3月31日

固定資産 88.6%	電気事業固定資産（水力発電・原子力発電設備等を含む） 3兆1,750億円　43.7%
	投資その他の資産（長期投資・使用済燃料再処理等積立金など） 1兆2,089億円　16.7%
	その他
流動資産 11.40%	現金及び預金 1,806億円　2.5%
	その他
総資産合計	7兆2,573億円　100%

負債・純資産の部	内訳
固定負債 56.0%	社債・長期借入金 2兆9,247億円　40.3%
流動負債 22.90%	支払手形・買掛金 1,254億円　1.7%
純資産 21.1%	利益剰余金 9,797億円　13.5%
	その他
負債・純資産合計	7兆2,573億円　100%

関西電力の資産の内訳は、流動資産が11.4%に対して固定資産が88.6%となっており、固定資産のウェイトが圧倒的に高くなっている。一方、負債についても、流動負債が22.9%に対して固定負債が56%と固定資産のウェイトが高くなっている。したがって、関西電力を固定型企業とみなすことができる。

このように関西電力では、固定資産や固定負債の割合がきわめて高く、重要性が高い項目であるため、貸借対照表上で、資産は固定資産・流動資産の順に、また負債は固定負債・流動負債の順に配列されている。これを固定性配列法という。詳しくは、Column４－２で解説している。

Column 4 - 2

流動性配列法と固定性配列法

貸借対照表に資産と負債に関するさまざまな表示科目をどのように記載するのかについて、流動性配列法（current arrangement）と固定性配列法（capital arrangement）という２つの方法がある。

このうち流動性配列法は、貸借対照表の項目を流動性の高い順、すなわち資産については換金可能性の高い（現金化しやすい）順に表示し、負債については返済期限の早い（すぐに支払わないといけない）順に並べる方法をいう。この方法によると、貸借対照表の資産は、流動資産、固定資産、という順で、負債は流動負債、固定負債という順にそれぞれ記載されることになる。

一方、固定性配列法は、貸借対照表の項目を流動性の低い順に並べる方法をいう。したがって、この方法では、貸借対照表の資産は、固定資産、流動資産という順に、負債も固定負債、流動負債という順にそれぞれ記載されることになる。

わが国の大部分の企業は、流動性配列法に従って貸借対照表を作成している。ただし、電力会社やガス会社は、固定資産や固定負債の割合がきわめて高く、これらの事業にとって重要性が高い項目であるため、固定性配列法に従って貸借対照表を作成している。

【写真４－１　関西電力黒部ダム（黒部川第四発電所）】

写真提供：関西電力株式会社

4 資　　産

それでは、次に、企業が実際に公表している貸借対照表を用いて、主要な項目を観察してみよう。**表4－3**として示すのは、江崎グリコ株式会社の2019年３月31日現在の貸借対照表である。

まず、資産については、貸借対照表の左側の資産の部に表示されている。ここで資産とは、過去の取引または事象の結果として、報告主体が支配している経済的資源をいうと「討議資料　財務会計の概念フレームワーク」という文書に定義されている。なお、ここで報告主体とは、財務諸表を作成する企業のことである。

資産の部は、流動資産、固定資産、繰延資産の３つに区分される。江崎グリコの場合には、流動資産1,345億円、固定資産1,679億円であり、繰延資産は該当項目がないので表示されていない。

固定資産は、さらに、有形固定資産、無形固定資産、投資その他の資産に区分される。江崎グリコでは有形固定資産777億円、無形固定資産48億円、投資その他の資産852億円となっている。

流動資産には、現金及び預金、受取手形、売掛金、有価証券、製品、原材料、短期貸付金などの勘定科目が含まれる。現金は硬貨と紙幣のほか、取引先から受け取った小切手など、ただちに通貨に引き換えることができる証券も含まれる。預金は当座預金、普通預金、定期預金などがある。多くの企業では、現金と預金を合わせて現金及び預金と表示されることが多い。

受取手形は約束手形や為替手形を受け取ったことによる債権を意味し、売掛金は商品などを掛取引で販売したことによる未収の代金である。

有価証券は国債、地方債、社債、株式などを含む。このうち短期の売買目的で保有するものや１年以内に満期が到来する社債は流動資産の有価証券に記載し、それ以外のものは投資有価証券として固定資産の投資その他の資産に表示する。製品は自社で生産した完成品を、原材料は製品を生産するために短期間に消費する予定のものを意味する。

短期貸付金は他社に金銭を貸し付け、１年以内に返済してもらう権利をいい、未収入金は本業以外の取引によって生じる債権をいう。なお、貸倒引当金は受取手形、売掛金、貸付金などの金額のうち、回収できないと思われる金額を見積ったもので

【表４－３　江崎グリコの個別貸借対照表】

個別貸借対照表

（2019年３月31日現在）

（単位：百万円）

科　　目	金　額	科　　目	金　額
資　産　の　部		負　債　の　部	
Ⅰ　流動資産	134,579	Ⅰ　流動負債	64,506
現金及び預金	76,517	支払手形	389
受取手形	727	買掛金	28,331
売掛金	28,959	短期借入金	188
有価証券	1,010	未払金	9,438
商品及び製品	11,826	未払費用	18,058
原材料及び貯蔵品	10,062	未払法人税等	1,841
仕掛品	468	預り金	3,650
短期貸付金	1,024	販売促進引当金	2,448
未収入金	3,732	役員賞与引当金	38
その他	261	株式給付引当金	44
貸倒引当金	△12	その他	75
		Ⅱ　固定負債	41,054
		転換社債型新株予約権付社債	30,103
		長期借入金	220
		預り保証金	2,516
		退職給付引当金	2,605
		繰延税金負債	4,827
		その他	781
Ⅱ　固定資産	167,921	負債合計	105,561
（有形固定資産）	77,784	純　資　産　の　部	
建物及び構築物	21,170	Ⅰ　株主資本	184,315
機械装置及び運搬具	27,297	資本金	7,773
工具器具備品	2,387	資本剰余金	8,953
土地	14,776	資本準備金	7,413
リース資産	36	その他資本剰余金	1,539
建設仮勘定	12,115	利益剰余金	174,154
（無形固定資産）	4,845	利益準備金	1,943
ソフトウェア	3,990	その他利益剰余金	174,154
その他	855	特別償却準備金	2
（投資その他の資産）	85,290	固定資産圧縮積立金	5,458
投資有価証券	38,962	別途積立金	128,893
関係会社株式	19,424	繰越利益剰余金	37,856
出資金	1	自己株式	△6,566
関係会社出資金	7,297	評価・換算差額等	12,624
長期貸付金	4,476	その他有価証券評価差額金	12,551
前払年金費用	1,504	繰延ヘッジ損益	73
投資不動産	12,272		
その他	1,483		
貸倒引当金	△132	純資産合計	196,940
資産合計	302,501	負債純資産合計	302,501

あり、これを控除した残額が回収可能と思われる金額を表すことになる。

以上の項目のうち、現金預金、受取手形、売掛金、貸付金、有価証券などを金融資産という。金融資産については第７章「金融資産の会計」に詳しい説明がある。

また商品、製品、半製品、原材料、仕掛品などを棚卸資産という。棚卸資産については第５章「在庫品の会計」に詳しい説明がある。

他方、固定資産のうち有形固定資産には、建物及び構築物、機械装置、車両運搬具、工具器具備品、土地、建設仮勘定などの勘定科目が含まれる。ここで、建物は、店舗、倉庫、事務所などを、構築物は下水道、舗装道路などを含む。機械装置は各種の機械及び装置を、車両運搬具は営業用の自動車などを意味する。工具器具備品は一定額以上のコンピュータ、コピー機、陳列棚などで、土地は店舗、倉庫、事務所の敷地のことをいう。建設仮勘定は建設中の本社の建物などについて、工事の完成までに必要な支出額をいったん集計するための項目である。なお、有形固定資産については第６章「生産設備の会計」で詳しく説明される。

次に、無形固定資産には、特許権や他企業の買収により生じるのれんなどが含まれる。また投資その他の資産には、投資有価証券、関係会社株式、出資金、関係会社出資金、長期貸付金などの勘定科目が含まれる。

ここで、関係会社株式は投資有価証券のうち関係会社の株式をいう。出資金は株式会社以外の会社や各種の協同組合に対して出資した額のことである。長期貸付金は他人に金銭を貸し付け、１年以上後になって返済してもらう権利をいう。投資その他の資産については第７章「金融資産の会計」に説明がある。

今後、収益認識に関する会計基準の適用にともない、契約資産または顧客との契約から生じた債権が資産の部に表示されることが考えられる。これは、企業が顧客から対価を受け取る前、または対価を受け取る期限が到来する前に、財またはサービスを顧客に移転した場合は、収益を認識し、契約資産または顧客との契約から生じた債権を貸借対照表に計上するというものである。

契約資産は、企業が顧客に移転した財またはサービスと交換に受け取る対価に対する企業の権利（ただし、顧客との契約から生じた債権を除く）をいう。また、**顧客との契約から生じた債権**は、企業が顧客に移転した財またはサービスと交換に受け取る対価に対する企業の権利のうち無条件のもの（すなわち、対価に対する法的な請求権）をいう。

なお、顧客との契約から生じた債権と 契約資産を合算して貸借対照表に表示したうえで、それぞれの残高を注記する方法が採用されるケースもありうる。

収益認識に関する会計については、第10章「営業活動の会計」に説明がある。

5 負　　債

負債は、貸借対照表の右側の負債の部に表示されている。ここで負債とは、過去の取引または事象の結果として、報告主体が支配している経済的資源を放棄もしくは引き渡す義務、またはその同等物をいうと前述の概念フレームワークに定義されている。

負債の部は、流動負債と固定負債の２つに区分される。江崎グリコの場合、流動負債は645億円、固定負債は410億円となっている。

流動負債には支払手形、買掛金、短期借入金、未払金、未払費用、預り金、引当金などの項目が含まれるが、このうち主なものをいくつか説明したい。

支払手形は約束手形の振り出しや為替手形の引き受けによって生じる債務をいう。買掛金は商品などを掛け取引で仕入れたことによる未払いの代金を意味している。

短期借入金は他社から金銭を借り入れ、１年以内に返済しなければならない義務をいい、未払金は本業以外の取引によって生じる債務をいう。未払費用はすでに受け取ったサービスについて期末時点でまだ支払っていない金額をいう。預り金は従業員の給与に対する源泉所得税や社会保険料など、企業が一時的に金銭を預かった場合の債務を意味する。引当金のうち、役員賞与引当金は、株主総会の決議などに基づいて支払うことになる役員賞与の額を決算時に前もって見積り、引当金として設定したものをいう。

他方、固定負債には退職給付引当金、預り保証金、長期借入金、繰延税金負債などの項目が含まれる。**退職給付引当金**は将来、退職する従業員への支払いに備えるためのものであり、企業が退職金の支払い義務を負っていることを意味する。

預り保証金は取引先からの営業保証金の預り額などをいう。長期借入金は企業が調達した長期資金のうち、決算日の翌日から起算して１年を超えて返済期日が到来する部分をいう。**繰延税金負債**は貸借対照表に計上されている資産・負債の金額と、課税所得計算上の資産・負債の金額との差額である一時差異のうち、その解消時に課税所得を増額する効果を持つタイプであり（これを将来加算一時差異という）、繰延税金負債という名称で固定負債に計上される。なお、負債については第８章「負債と資本の会計」に詳しい説明がある。

今後、収益認識に関する会計基準の適用にともない、契約負債を他の負債と区分して負債の部に表示されることが考えられる。これは財またはサービスを顧客に移転する前に顧客から対価を受け取る場合、顧客から対価を受け取った時または対価を受け取る期限が到来した時のいずれか早い時点で、顧客から受け取る対価について契約負債を貸借対照表に計上するというものである。

契約負債は、財またはサービスを顧客に移転する企業の義務に対して、企業が顧客から対価を受け取ったものまたは対価を受け取る期限が到来しているものをいう。

なお、契約負債を他の負債と合算して貸借対照表に表示したうえで、契約負債の残高を注記する方法が採用されるケースもありうる。

収益認識に関する会計については、第10章「営業活動の会計」に説明がある。

6 純資産

資産と負債の差額を純資産といい、その金額は、貸借対照表の右側の純資産の部に表示されている。純資産の部のうち大部分は株主資本であるが、株主資本は、資本金と資本剰余金と利益剰余金と自己株式に区分される。江崎グリコの場合、資本金77億円、資本剰余金89億円、利益剰余金1,741億円、自己株式△65億円となっている。

資本金は企業を開始するときに事業主が払い込んだ元手(もとで)のことである。資本剰余金は資本準備金とその他資本剰余金に分類される。このうち資本準備金は企業に払い込まれた資本のうち、資本金としなかった部分をいう。その他資本剰余金は資本準備金に含まれない項目をいう。

利益剰余金は利益準備金とその他利益剰余金（任意積立金、繰越利益剰余金を含む）に分類される。このうち利益準備金は会社法に従って現金配当をするたびに積み立てた金額をいう。その他利益剰余金のうち、任意積立金は企業が経営上の目的で任意に積み立てた金額をいい、繰越利益剰余金は企業が過去に稼いだ利益の残りの部分をいう。

自己株式は会社がいったん発行した自社の株式を取得して保有しているものをいう。

純資産の部には、株主資本のほかに評価・換算差額等と新株予約権が含まれる。江崎グリコの場合、評価・換算差額等が126億円であり、新株予約権は表示されていない。

評価・換算差額等は、その他有価証券など、所定の資産・負債を時価評価した場合の取得原価との差額をいう。**新株予約権**は将来に株主になる可能性のある人々から受け入れた金額をいう。

純資産についても第８章「負債と資本の会計」に詳しい説明がある。

7 おわりに

本章では、みなさんに貸借対照表がどのようなものか概要を理解してもらうため、まず、ファーストリテイリングと関西電力の貸借対照表の比較を行った。その結果、あらかじめ予想されたとおり、小売業界に属するファーストリテイリングと電力業界に属する関西電力では、貸借対照表の内容や表示形式に顕著な違いがあることが確認できた。

貸借対照表には、企業が開業してから、当期末までの活動の累積的な結果が、資産・負債・純資産に分けて、それぞれの残高金額が表示されるので、企業が属している業種、取り組んでいる事業、ビジネスモデル、経営の進め方などさまざまな要因によって貸借対照表の内容は変わってくる。

つまり、貸借対照表の内容は企業がどのような業種に属しているかや、ビジネスモデルや、どのような事業を営んでいるかによっても大きな違いが生じる。たとえ同じ事業に取り組んでいたとしても、在庫の量や取引条件（現金決済が中心か、信用取引が多いか）、自社で製造するか、外部に製造を委託しているか、経営が効率的に進められているかどうか、どの会社と取引を行っているかなどによってもかなり違いが出てくることになる。

本章ではまた、江崎グリコの貸借対照表の実例をもとに、資産・負債・純資産に含まれる典型的ないくつかの勘定科目について説明を行った。

今後、実際にいろんな企業の貸借対照表を読んでいくための準備として、なるべく多くの勘定科目を取り上げて解説した。くりかえし読んで確認したり、実際にみなさんが知っている会社の貸借対照表をみるなどして少しずつ慣れてほしい。

？考えてみよう

1．優れた会社と問題のある会社を見分けるために貸借対照表のどの部分に注目しなければならないかを考えてみよう。

2．業種や事業内容の違いにより、貸借対照表にどのような違いが生じるかを考えてみよう。

3．あなたの良く知っている会社の貸借対照表をみて、どのような財務状況にあるか考えてみよう。また、過去２年間のデータを比較してみよう。

参考文献

桜井久勝『財務会計講義（第21版）』中央経済社、2020年。

次に読んで欲しい本

伊藤邦雄『新・現代会計入門（第４版）』日本経済新聞出版社、2020年。
桜井久勝『財務会計講義（第21版）』中央経済社、2020年。
桜井久勝・須田一幸『財務会計・入門（第13版）』有斐閣、2020年。
桜井久勝『財務会計の重要論点』税務経理協会、2019年。

第5章

在庫品の会計

1　はじめに
2　商品の仕入（商業の取得原価）
3　製品の生産（製造業の取得原価）
4　売上原価と期末在庫
5　期末在庫の評価
6　営業循環と在庫の回転状況
7　おわりに

1 はじめに

休日にショッピングに出かけると、さまざまな品物が店頭に並んでいるのを目にすることができる。店頭の品物には「商品」と「製品」の２種類がある。**商品**とは、小売業や卸売業などの商業を営む企業が他社から仕入れた品物のことであり、たとえば家電量販店のテレビやパソコン、スーパーマーケットの肉や野菜などがこれにあたる。一方、**製品**とは、製造業を営む企業が自社で生産した品物のことであり、自動車メーカーの自動車や、アパレルメーカーの洋服や靴などがこれである。

商業であれ製造業であれ、企業はこうした品物を私たちのようなお客に売ることで、利益を稼いでいる。そして、品物がたくさん売れるほど、あるいは高い値段で売れるほど、企業は大きな利益を手にすることができるのである。したがって、商品や製品といった品物は、企業が利益を稼ぐうえで非常に重要な資産項目であるといえる。

このため企業は、商品や製品を取得してから販売するまでの流れを帳簿上で管理

【表５－１　2019年３月期における上新電機株式会社の貸借対照表（流動資産の部）】

（単位：百万円）

	前会計年度 （2018年３月31日）	当会計年度 （2019年３月31日）
資産の部		
流動資産		
現金及び預金	3,658	3,571
受取手形	−	1
売掛金	12,635	16,202
商品	68,555	77,256
貯蔵品	116	105
その他	8,256	9,640
貸倒引当金	Δ11	Δ1
流動資産合計	93,211	106,776

している。本章で学習する「在庫品の会計」とは、このような商品や製品に関わるお金の流れを計算・記録するための会計である。なお**在庫品**とは、企業が販売目的で持っている商品や製品の総称であるが、会計学の教科書では**棚卸資産**(たなおろししさん)とよばれることも多い。本章でも「棚卸資産」という言葉が何度か登場するが、これは「在庫品」のことを意味していると理解してほしい。

表５－１は、家電量販店の上新電機株式会社が、2019年３月期の有価証券報告書のなかで開示した、貸借対照表の一部（流動資産の部）である。上から４番目に記載されている「商品」が、本章でとりあげる「在庫品」にあたる。以下では、このような在庫品が、どのように計算・記録されているのかについてみていくことにしよう。

2　商品の仕入（商業の取得原価）

在庫品の会計には、３つの重要ポイントがある。１つ目のポイントは、商品の仕入や製品の生産にかかった金額を記録することである。この金額のことを**取得原価**という。取得原価の算定方法は、商業と製造業とで異なっている。商品を仕入れて顧客に販売する商業の場合、商品の取得原価は仕入代金（これを「購入代価」という）である。たとえば、家電量販店が電機メーカーからテレビを５万円で仕入れたとき、このテレビの取得原価は５万円と記録される。ただし、商品の仕入に関連して発生した費用（これを「付随費用」という）がある場合には、取得原価に含めて処理をする。たとえば、電機メーカーからテレビを運搬する際にかかる送料5,000円を家電量販店が負担する場合（これを「引取運賃」という）、この送料は付随費用として、仕入れたテレビの取得原価に含める。したがって、この場合のテレビの取得原価は５万5,000円として記録されるのである。

なお、仕入代金はさまざまな理由で安くなることがある。たとえば、仕入れた商品に傷や汚れなどがあった場合に、仕入代金を値引きしてもらうことがある（これを「仕入値引」という）。また、大量に購入する見返りとして安くしてもらうこともある（これを「仕入割戻」という）。仕入値引や仕入割戻によって仕入代金が減額された場合には、その分だけ取得原価は引き下げられる。また、仕入れた商品が安くなるわけではないが、品違いなどで返品をすることもある（これを「仕入戻し」という）。仕入戻しは取引のキャンセルを意味するので、この場合にも取得原価は減額されることになる。

3 製品の生産（製造業の取得原価）

自社製品を販売する製造業の場合には、製品の生産にかかった金額を記録することが出発点となる。製品の生産にかかった金額のことを**製造原価**といい、製造業ではこの製造原価が取得原価となるのである。仕入代金に基づいて取得原価を計算できる商業とは異なり、製造業では、製品を完成させるのにいくらかかったのかが分からなければ、製造原価を計算することはできない。そこで、完成品の製造にかかったすべてのコストを集計する手続が必要となる。この手続のことを**原価計算**という。以下では、この原価計算のごく入門的な内容について紹介する。

材料費・労務費・経費

製品を完成させるまでにはさまざまなコストがかかる。そこで、まずは製品を生産するのにどのような種類のコストがかかるのかを確認しておこう。製品を生産するのにかかるコストは、①材料費、②労務費、および③経費の３つに分類できる。**材料費**は、その名のとおり、製品を構成する原材料の仕入にかかった費用のことである。たとえば、自動車メーカーであれば鉄板やタイヤなどの仕入代金、菓子メーカーであれば小麦粉やバターなどの仕入代金がこれである。また**労務費**は、原材料の加工にかかった人件費のことを意味する。工場で働いている従業員の賃金給料などがこれにあたる。**経費**とは、材料費や労務費以外で製品の製造にかかった費用のことをいう。たとえば、生産ラインの機械設備の減価償却費（詳しくは第６章を参照）や、工場の賃借料、光熱水費（電気代・ガス代・水道代）、通信費（電話代・インターネット料金）などがこれに含まれる。

材料費、労務費、経費には、その発生パターンに特徴がある。材料費は製造工程の始点で全額発生することが多い。たとえば、菓子メーカーがクッキーを製造する際に、小麦粉やバターなどの材料は製造の開始時点で投入される。焼いている途中で小麦粉やバターを追加投入するようなことはしないであろう。これに対して、労務費や経費は、製造工程が進むにつれて徐々に発生する。たとえば、工場の従業員の賃金は、製造工程が進み労働時間が長くなるほど増加する。機械設備の電気代も、稼働した時間が長くなるほど高くなるのである。このように、労務費と経費には、加工が進むにつれて発生するという共通の特徴がある。そのため、労務費と経費はまとめて**加工費**とよばれる（材料費の一部が加工費に含まれる場合もある。詳細については章末に挙げた文献を参照してほしい）。

個別原価計算と総合原価計算

原価計算では、このような材料費と加工費（労務費・経費）を集計して製品の製造原価を計算することになるが、その集計方法にはいくつかのバリエーションがある。最も直感的に分かりやすいのは、製造にかかった材料費と加工費（労務費・経費）を１つ１つの製品ごとに集計する方法である。このような原価計算の方法を**個別原価計算**という。大型船舶や旅客機、注文住宅といった受注品（オーダーメイドの製品）の製造原価を計算する場合には、この個別原価計算を採用することが多い。受注品は、注文内容によって製造原価が異なるため、注文ごとに製造原価を記録・管理しておかなければならない。そこで、受注品については、個々の製品ごとに「製造指図書」や「原価計算表」という書類を発行し、その生産過程で発生したコストを集計したうえで、製造原価を計算するのである。

しかし、自動車や菓子や化粧品など、私たちの身の回りにあふれる製品の多くは、受注品ではなく量産品である。量産品は、①みた目では製品ごとの区別がつかない点、②大量に生産される点に特徴がある。このため、量産品１つ１つに個別原価計算を適用し、製造原価を集計するのは非常に面倒である。また、受注品とは異なり、各製品の製造原価に大きな違いはないから、あえてそのような記録・管理の方法をとる必要もない。そこで、量産品については、製品ごとではなく期間ごとに製造原価を集計し、製品単価を均等に計算する方法が採用される。このような方法を**総合原価計算**という。

総合原価計算のおおまかな手続は以下のとおりである。まず第１に、当期の材料費と加工費（労務費・経費）を合計し、当期の生産活動にかかったコストの総額を計算する。この金額のことを「当期総製造費用」という。第２に、当期総製造費用を、当期の完成品に関わる部分と、製造途中で期末を迎えたものに関わる部分とに分ける。製造途中で期末を迎えた製品のことを**仕掛品**（しかかりひん）という。そして、当期総製造費用のうち、完成品に関わる部分を「当期製品製造原価」、仕掛品に関わる部分を「期末仕掛品原価（または期末仕掛品棚卸高）」という。当期総製造費用を当期製品製造原価と期末仕掛品原価とに配分する際には生産量を用いる。ただし、加工費は製造の過程で生じるものであるから、完成を100%としたときに作業が何%まで進んでいるか（これを「進捗度（しんちょくど）」という）を考慮して配分しなければならない。こうして計算された完成品に関わる製造コスト、つまり当期製品製造原価が、製品の取得原価となる（完成品の数量で割り算すれば、製品当たりの単価が計算できる）。総合原価計算のイメージを図示したものが、**図5－1**である。

【図5－1　製造原価の計算過程】

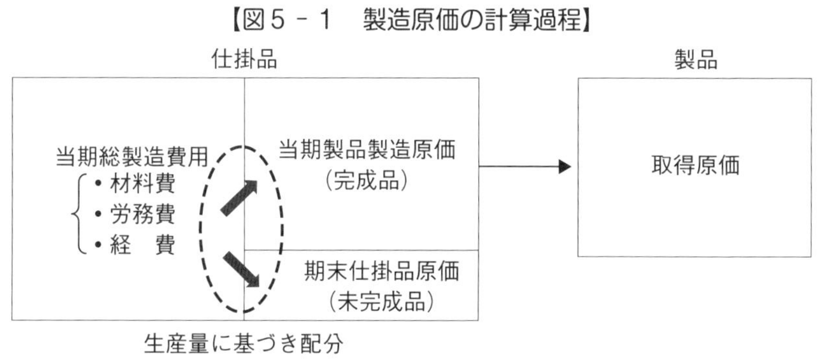

総合原価計算の設例

総合原価計算について理解を深めるために、以下のような設例を考えてみよう。ある日用品メーカーが当期に1,000個の芳香剤を作ったとする。その製造にかかった材料費は10万円、加工費（労務費・経費）は18万円であった。このうち800個が完成し、200個は作りかけのまま期末を迎えたとする。また材料費は製造工程の始点で全額発生し、加工費は進捗度に応じて発生するものとする。さらに、期末の仕掛品の進捗度は50%であり、期首には仕掛品はなかったとしよう。この条件のもと、総合原価計算によって芳香剤の当期製品製造原価（芳香剤の取得原価）と期末仕掛品原価を計算してみる。

まず、当期総製造費用は、材料費の10万円と加工費の18万円を合計した28万円である。この28万円を、生産量に基づいて完成品原価と仕掛品原価とに配分する。当期は1,000個の芳香剤を作り、800個が完成、200個が未完成であったのだから、材料費は800対200で配分すればよい。したがって、完成品原価の材料費は8万円（＝10万円÷1,000個×800個）、仕掛品原価の材料費は2万円（＝

10万円÷1,000個×200個）となる。

加工費も同様の配分計算を行えばよい。ただし、加工費は進捗度に応じて生じることに注意しなければならない。期末の仕掛品は200個だが、進捗度は50%であるので、完成品100個分（＝200個×50%）に相当する加工費しか生じていないことになる。そこで当期総製造費用の加工費18万円は800対100で配分しなければならないのである。このことを念頭に計算すると、完成品原価の加工費は16万円（＝18万円÷900個×800個）、仕掛品原価の加工費は２万円（＝18万円÷900個×100個）となる。

以上から、日用品メーカーの芳香剤の当期製品製造原価は24万円（＝材料費８万円＋加工費16万円）、期末仕掛品原価は４万円（＝材料費２万円＋加工費２万円）と計算される。製造業では、製造原価が取得原価であるから、芳香剤の取得原価は24万円（１個当たり300円）ということになる。この計算結果を図５－１に

【図５－２　設例における製造原価の計算過程】

仕掛品			製品
当期投入（1,000個） 材料費：10万円 加工費：18万円 当期総製造費用： 28万円＝10万円＋18万円	↗	完成品（800個） 材料費：８万円＝10万円÷1,000個×800個 加工費：16万円＝18万円÷900個×800個 当期製品製造原価：24万円＝８万円＋16万円	→ 取得原価 24万円
	↘	期末仕掛品（200個・進捗率50%） 材料費：２万円＝10万円÷1,000個×200個 加工費：２万円＝18万円÷900個×100個 期末仕掛品原価：４万円＝２万円＋２万円	

【写真５－１　ムシューダの生産ライン】

写真提供：エステー株式会社

Column 5 － 1

製造原価明細書

企業の生産活動にかかったコストの内訳は、**製造原価明細書**という書類に記載されている。以下の**表5－2**は、「ムシューダ」や「消臭力」などで有名なエステー株式会社が2019年３月期に開示した製造原価明細書である（**写真5－1**は、エステーの「ムシューダ」の生産ライン）。表をみると、2019年３月期におけるエステーの当期総製造費用は101億8,700万円である。「ムシューダ」や「消臭力」といった製品の生産にあたり、2019年３月期のエステーは101億8,700万円のコストを投入していることがわかる。また、その内訳は、材料費が75億円、労務費が５億5,200万円、経費が21億3,600万円である。さらに、当期製品製造原価と期末仕掛品たな卸高から、2019年３月期に完成した製品は101億7,900万円、生産途中で決算を迎えた仕掛品は4,700万円であることも読み取れる。このように、製造原価明細書をみることにより、企業の生産活動の実態を把握できるとともに、製造原価（取得原価）の計算過程をたどることができるのである。

【表5－2　エステー株式会社の製造原価明細書】

		前事業年度（自 2017年４月１日 至 2018年３月31日）		当事業年度（自 2018年４月１日 至 2019年３月31日）	
区　　分	注記番号	金額（千円）	構成比（%）	金額（千円）	構成比（%）
Ⅰ　材料費		7,992,716	76.2	7,499,517	73.6
Ⅱ　労務費	※１	531,359	5.1	551,982	5.4
Ⅲ　経費	※２	1,965,836	18.7	2,135,714	21.0
当期総製造費用		10,489,912	100.0	10,187,215	100.0
期首仕掛品たな卸高		38,392		39,432	
合計		10,528,305		10,226,648	
期末仕掛品たな卸高		39,432		47,442	
当期製品製造原価		10,488,872		10,179,206	

製造原価明細書は、金融商品取引法という法律によって作成・開示が求められる**有価証券報告書**という書類のなかに、損益計算書の添付書類として収録されて

いる。ただし、近年は製造原価明細書を開示する企業が減っている。2014年に制度改正があり、2014年３月期の決算から、セグメント情報（Column10－１を参照）を開示している企業は、製造原価明細書を開示しなくてもよいことになったためである。

当てはめてみると、**図５－２**のように表すことができる。このように、製品１つ１つではなく、その期に生産した製品にかかったコストの総額を計算する方法が総合原価計算である。

4 売上原価と期末在庫

在庫品の会計の２つ目のポイントは、前節で計算した商品・製品の取得原価を、①当期に売却された商品・製品に関わる部分と、②売れ残った商品・製品に関わる部分とに分けることである。①の部分は、商品・製品の売却による収益の獲得に貢献した分であるから、**売上原価**という名前で損益計算書に費用として計上される（詳しくは第９章や第10章を参照）。一方、②の部分は期末在庫の金額であり、「商品」、「製品」、「棚卸資産」などの名称で貸借対照表に資産計上され、次期以降に繰り越される（第４章を参照）。このように、商品・製品の取得原価を、売上原価と期末在庫とに分ける手続のことを**原価配分**という（**費用配分**という場合もある）。原価配分のイメージを図示したものが**図５－３**である。太線の矢印が原価配分を表している。

すでに述べたとおり、売上原価は「売れた商品・製品」の金額であり、期末在庫は「売れ残った商品・製品」の金額である。したがって、売上原価の金額は「売れた商品・製品の単価×売れた商品・製品の数量」、期末在庫の金額は「売れ残った商品・製品の単価×売れ残った商品・製品の数量」と計算すればよい。しかし、ここで１つの問題が生じる。それは、商品や製品の単価が常に同じとは限らないことである。原材料の価格や従業員の賃率などは変動するため、商品や製品の単価もまた、仕入や生産の時期によって異なりうるのである。そのため、売上原価と期末在庫の金額を計算するためには、売れた商品・製品と売れ残った商品・製品の単価をどのように把握するのかについて考える必要がある。直感的に考えられるのは、商品・製品の取得から販売までの流れを１つ１つ記録することで、売れた商品・製品

【図5－3　売上原価と期末在庫の区分】

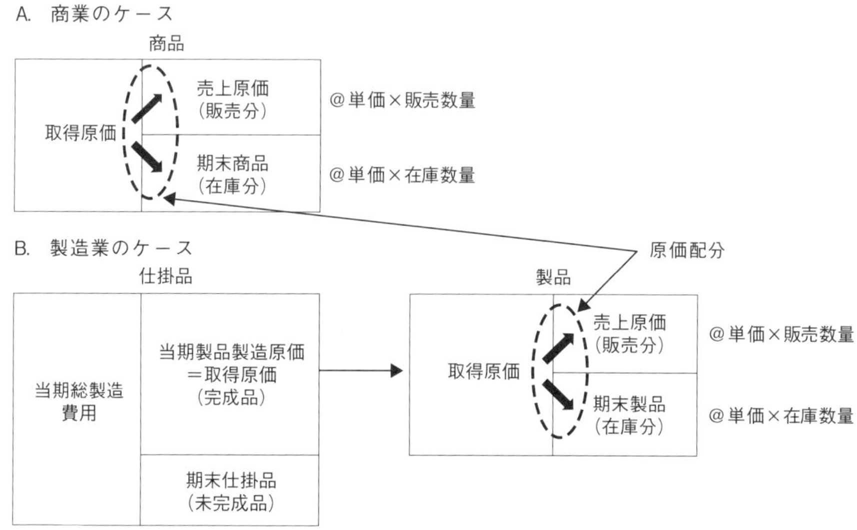

と、売れ残った商品・製品の単価を把握する方法である。このような方法を**個別法**という。しかし、先にも述べたとおり、商品・製品の多くは量産品であり、個別法では手間がかかるケースも少なくない。そこで会計学では、個別法に加え、商品・製品の流れに一定の仮定を設けて原価配分を行う方法を認めている。

そのような方法の代表として、**先入先出法**や**平均原価法**がある。先入先出法とは、先に仕入・生産した商品・製品から先に売れたと仮定して、原価配分を行う方法である。一方、平均原価法とは、当期に仕入・生産したすべての商品・製品の平均単価を利用して、原価配分を行う方法である。たとえば、ある日用品メーカーが、当期の5月に単価200円の芳香剤を1,000個、7月に単価400円の芳香剤を1,000個、生産したとする。そして、9月に1,500個の芳香剤を販売し、決算を迎えたとしよう。このとき、先入先出法を採用した場合には、先に生産した単価200円の芳香剤1,000個と単価400円の芳香剤500個分が売れたと仮定することになるから、売上原価は40万円（＝200円×1,000個＋400円×500個）、期末在庫は20万円（＝400円×500個）と計算される。一方、平均原価法を採用した場合には、平均単価である300円（＝200円×1,000個÷[1,000個＋1,000個]＋400円×1,000個÷[1,000個＋1,000個]）を用いて、売上原価45万円（＝300円×1,500個）、期末在庫15万円（＝300円×500個）と計算される。原価配分方法の選択肢

Column５－２

原価配分と利益計算

原価配分の方法は、利益計算に関わる点で重要である。本文では、先入先出法と平均原価法の違いについて説明したが、この違いが利益計算にどのような影響を及ぼすのかについて考えてほしい。たとえば、本文の設例において、９月に販売した1,500個の芳香剤の売上高が50万円だったとしよう。このとき、先入先出法を採用した場合の利益は、10万円（＝売上高50万円－売上原価40万円）と計算される。

一方、平均原価法を採用した場合の利益は、５万円（＝売上高50万円－売上原価45万円）と計算されることになる。先入先出法を採用した場合も、平均原価法を採用した場合も、60万円分（＝200円×1,000個＋400円×1,000個）の製品を生産し、その一部を50万円で販売する、という企業の活動実態に違いはない。しかし、どちらの原価配分の方法を採用するかによって、製造原価60万円のうち売上原価となる金額が異なるから、利益の数字は異なってくるのである。棚卸資産の原価配分に限らず、会計学では、会計処理方法に複数の選択肢が用意され、そのなから企業が適当な方法を選択するということがある。このような会計処理方法の選択肢のことを**会計方針**という。そして、会計方針の選択によって、企業の活動実態は変わらないのに利益数値が変わる、ということが起こりうるのである。

したがって、複数の企業間で利益を比較する、あるいは特定の企業の過去と当期の利益を比較する際には、会計方針の違いに注意しなければならない。そうでなければ、企業の業績について、誤った評価を下してしまう可能性がある。なお、財務諸表を作成する際に企業が採用した重要な会計方針は、財務諸表の**注記**という箇所に記載されている。Column５－１で紹介したエステー株式会社の2019年３月期の注記（４．会計方針に関する事項の⑴ロ）をみると、この会社が平均原価法によって原価配分を行っていることが分かる。

は、会計基準（企業会計基準第９号「棚卸資産の評価に関する会計基準」）で定められており、企業はその中から適当な方法を選択して適用することができる。

5 期末在庫の評価

在庫品の会計で重要となる３つ目のポイントは、前節のように計算された期末在庫に数量の不足や価値の低下が生じていないかを確認し、生じている場合にはそのことを記録することである。このような手続のことを**期末評価**という。

期末在庫の数量不足は、紛失や盗難などによって生じる。たとえば、帳簿の記録によれば単価400円の芳香剤の在庫が500個あるはずだが、実際に数えてみたら490個しかなかった、といった場合がこれである。この場合、帳簿上に記録された期末在庫の金額は、数量不足を考慮していない500個で計算されているため、10個分だけ過大計上となっている。そこで、帳簿上の金額である20万円（＝単価400円×500個）を、実際の金額である19万6,000円（＝単価400円×490個）まで切り下げたうえで、損益計算書に**棚卸減耗費**という損失4,000円（＝20万円－19万6,000円）を計上しなければならない。

一方、期末在庫の価値の低下は、傷や汚れがついた場合や、新製品が発売され型落ちとなった場合などに生じる。この場合には、当初予定していた価格で在庫品を販売することが難しくなる。そこで、帳簿上の期末在庫の評価額を、「今売ったらいくらで売れるか」を表す時価（これを**正味売却価額**という）まで切り下げるとともに、**棚卸評価損**という損失を損益計算書に計上しなければならない。たとえば、１個当たり420円で売ることを見込んで、芳香剤500個を単価400円で生産したが、時価の下落が生じ、１個当たり390円でしか売れなくなった、という状況を考えてみよう。このような場合には、期末在庫の評価額を帳簿上の金額である20万円（＝単価400円×500個）から、時価（正味売却価額）である19万5,000円（＝単価390円×500個）まで切り下げたうえで、棚卸評価損5,000円（＝20万円－19万5,000円）を計上することになる。このように、帳簿上の金額と期末の時価とを比較して、低いほうを期末在庫の評価額とする会計処理のことを**低価基準**という。

低価基準に基づく処理で重要なポイントは、期末在庫の時価が下落した場合には、将来その在庫品を販売したときに損失を計上するのではなく、在庫品の時価が下がった時点であらかじめ損失を計上しておくという点である。まだ売ってもいない在庫品の損失を計上するのはおかしいと感じる人もいるかもしれないが、実は会計学ではこのような会計処理がしばしば求められる。これは会計基準を支える基本原則の１つに、「予想される損失は早期に、収益は確実になるまで待ってから計上する」というものがあるためである（これを**保守主義の原則**という）。

以上のような期末評価の手続を経て、貸借対照表に計上される期末在庫（「商品」、「製品」、「棚卸資産」などの名称で表示されている）の評価額は決定される。冒頭の表５－１でみた、上新電機株式会社の貸借対照表に記載された「商品」も、このような一連の手続を経て計算・開示されているのである。

6 営業循環と在庫の回転状況

これまでの節では、財務諸表を作成する立場から、在庫品の会計処理について学習した。本節では、財務諸表を利用する立場から、在庫品に関する情報がどのように役立つのかについて紹介する。冒頭で述べたとおり、企業の最も重要な活動は「品物を売る」ことであり、在庫品や売上原価はそのような活動に伴って計算・記録される項目である。したがって、在庫品や売上原価の数値をみれば、企業がどれほど効率的に品物を販売し、利益を稼げているのかを評価することができるのである。そのことを説明するために、まずは企業の**営業循環**というものについて解説しよう。

図５－４に示したとおり、企業は営業活動のサイクルを繰り返すことで利益を稼

【図５－４　企業の営業循環】

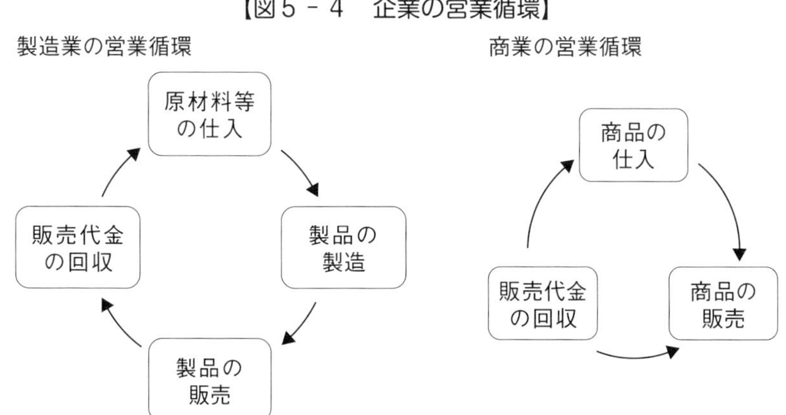

いている。たとえば、製造業であれば、原材料等を仕入れ、製品を生産し、それを顧客に販売し、販売代金を回収し、回収した代金でまた原材料等を仕入れる、というサイクルを繰り返す。商業であれば、商品を仕入れ、販売し、代金を回収し、回収した代金でまた商品を仕入れる、というサイクルを繰り返している。このような営業活動のサイクルのことを「営業循環」という。他の条件が等しければ、営業循環を多く繰り返す企業ほど、商品や製品の売れ行きが好調であり、滞留在庫が少ないと評価することができる。

それでは、営業循環がどのようなかたちで会計数値に反映されるのかを、製造業のケースを例にとって考えてみよう。これまでに学習したとおり、当期中に1,000円分の製品を生産して顧客に販売すれば、その1,000円は売上原価となる。「1,000円分の製品を生産して顧客に売る」という活動を当期中に２回繰り返せば、売上原価は2,000円となる。３回繰り返せば売上原価は3,000円である。したがって、売上原価を期末在庫で割り算すれば、当期に企業が「(期末在庫と同額の) 製品を生産して売る」という営業循環を何回繰り返したかが分かるのである。売上原価を期末在庫で割り算した値を**棚卸資産回転率**という。ライバル企業の数値と比較して、あるいは過去の数値と比較して、棚卸資産回転率が高ければ、営業循環をより多く繰り返すことができていることを意味する。

図５－５は、先のコラムで紹介したエステー株式会社の棚卸資産回転率を、2014年から2019年までの６年間にわたり計算したものである。図をみると、棚卸資産回転率は、4.5回から5.5回の間で推移していることが分かる。これは、エステーが１年間で営業循環を4.5回から5.5回繰り返していることを意味する。ま

【図５－５　エステー株式会社の棚卸資産回転率の推移】

た、直近３年間のほうが、それ以前の３年間よりも数値は高いことも分かる。このことは、直近３年間のほうが、同社の製品の売れ行きが好調であることを意味している。このように、棚卸資産回転率を計算することで、その企業の在庫品の売れ行きや滞留状況を知ることができるのである。

7 おわりに

本章では、在庫品の会計について学習した。在庫品の会計のポイントは以下の３点である。第１に取得原価の算定である。商業の場合には購入代価と付随費用の合計として商品の取得原価が計算される。製造業の場合には、原価計算の手続を通じて製品の製造原価を算定し、これが取得原価となる。第２のポイントは原価配分である。当期に販売された商品・製品の取得原価は、売上原価として損益計算書に計上される。一方、当期に売れ残った商品・製品の取得原価は期末在庫として、「商品」、「製品」、「棚卸資産」などの名称で貸借対照表に計上され、次期以降に繰り越される。第３のポイントは期末評価である。期末在庫の数量が不足したり、価値が低下したりしている場合には、帳簿上の金額を切り下げるとともに、損失を計上しなければならない。そして、章の最後では、期末在庫や売上原価の数値から、在庫品の売れ行きや滞留状況が読み取れることを学習した。

在庫品のように、最終的に費用となる資産は「費用性資産」とよばれる。次章でとりあげる生産設備も費用性資産の１つである。費用性資産はいずれも、取得原価の算定、原価配分、および期末評価の３点が会計処理上のポイントとなる。このことを念頭に学習を進めれば、理解しやすいはずである。

? 考えてみよう

1．商品を他社から仕入れて販売する商業と、自社製品を販売する製造業とでは、取得原価の計算方法がどのように異なるか考えてみよう。

2．長らく売れ残っている滞留在庫を抱えたＡ社が、その在庫品について行わなければならない会計処理について考えてみよう。

3．棚卸資産回転率から、企業の在庫品に関するどのような情報を読み取れるのか、考えてみよう。

参考文献

神戸大学会計学研究室（編）『会計学基礎論（第６版）』同文舘出版、2019年。

次に読んで欲しい本

桜井久勝・須田一幸『財務会計・入門（第13版）』有斐閣、2020年。

谷　武幸『エッセンシャル原価計算』中央経済社、2012年。

第6章

生産設備の会計

1　はじめに
2　固定資産の範囲と区分
3　有形固定資産の取得
4　減価償却
5　減損処理
6　おわりに

1 はじめに

企業は事業活動を営むためにさまざまな資産を保有している。どのような資産をどのくらい必要とするかは、その企業が営む事業内容によって異なる。たとえば、製品を生産・販売するメーカーでは、工場、機械装置、工具器具などの生産設備は重要な資産になる。それらの生産設備は、長期間にわたって反復して使用することができる資産という意味で、「**固定資産**」とよばれる。一般に、メーカーは商業やサービス業を営む企業と比べて、固定資産を多く保有しており、総資産に占める固定資産の割合も大きい。その理由は、生産設備を多く所有しているからである。

生産設備は、生産活動に使用され、そこで製造された製品が最終的に販売されることを通じて売上収益の獲得に貢献している。会計にはこの事実を適切に描写することが求められる。本章では、企業の生産活動を支える生産設備の会計について学習する。

2 固定資産の範囲と区分

企業の固定資産は、その形態的な特徴にしたがい、「有形固定資産」、「無形固定資産」および「投資その他の資産」の３つに区分され、貸借対照表に表示される。

メーカーが保有する工場や機械装置などの生産設備は、物理的な形態を有する長期使用目的の資産であるとして**有形固定資産**に分類される。これに対し、物理的な形態を有しない長期使用目的の資産は、**無形固定資産**に分類される。(a)特許権や商標権などの法律上の権利、(b)コンピュータのソフトウェア制作費、および(c)のれん（収益性の高い他企業を買収または合併したとき、その企業の超過収益力に対して支払われた額）がそうである。有形固定資産にも無形固定資産にも分類されない長期保有目的の資産は、**投資その他の資産**に分類される。(a)長期保有目的の株式や公社債、(b)賃貸目的で保有する土地や建物などの不動産、(c)決算日から１年を超えて満期または返済期限が到来する預金や貸付金などがこれに含まれる。

以下では生産設備を含む有形固定資産の会計を学習する。有形固定資産は種々の資産から構成されている。その詳細は**Column 6 － 1** で紹介している。

Column 6－1

有形固定資産の種類

有形固定資産に分類される資産は、その機能的な特徴に従って、次の4つに大きく分類される。

①　償却資産

使用や時の経過によりその価値が低下していく資産を「償却資産」という。償却資産は減価償却の適用対象となる資産である。有形固定資産の多くはこれに該当するが、具体的には次のようなものがある。

(a)　建　　　　物…店舗・工場・事務所などの建物本体とその附属設備（冷暖房・照明など）。

(b)　構　築　物…橋・下水道・舗装道路など、土地に定着する土木設備または工作物。

(c)　機械装置…機械および装置とその附属設備(コンベヤー・起重機など)。

(d)　船　　　　舶…貨物船・タンカーなどの船舶および水上運搬具。

(e)　航　空　機…飛行機・ヘリコプターなど。

(f)　車両運搬具…鉄道車両・自動車などの陸上運搬具。

(g)　工具器具備品…各種の工作工具・コンピュータ・コピー機・陳列棚などの資産で、耐用年数が1年以上かつ金額が一定額以上のもの。

②　非償却資産

使用や時の経過によっても通常は価値の減少が生じないため、減価償却を必要としない資産を「非償却資産」という。土地や希少価値のある美術品がこれに含まれる。

③　建設仮勘定

建物や機械装置などの建設に際し、その完成・引渡しまでの間、建設業者に支払った手付金や前渡金などのすべての支出額を一時的に集計するための勘定を「建設仮勘定」という。建設が完了して引渡しを受けた時点で、建設仮勘定の金額は、その性質を表す本来の資産勘定へ振替えられる。完成・引渡しを受け、営業活動に投入されるまでは減価償却を必要としない。

④　減耗性資産

鉱山・油田・山林のように、採取によって数量的に減少し、最後には涸渇してしまう天然資源を「減耗性資産」という。減耗性資産は、採取されるに応じてその実体が材料や製品に転化する。

表6－1は、十六茶や三ツ矢サイダーで有名なアサヒグループホールディングス株式会社（以下、アサヒGHD）と、「世界一のバリスタ監修」シリーズのブレンド缶コーヒーで知られたダイドーグループホールディングス株式会社（以下、ダイドーGHD）について、2019年度本決算における有形固定資産と減価償却費の概要（連結財務諸表［親会社を頂点とする企業集団全体について作成した財務諸表のこと］のデータ）を示したものである。

生産設備を含む有形固定資産の資産全体に占める割合について、アサヒGHDとダイドーGHDで大きな差異はみられない。しかし、減価償却費の金額には特徴的なちがいが確認される。第4節で学習するが、この金額は有形固定資産の使用にともなって生じる費用である。ダイドーGHDの製造部門の減価償却費の金額が極端

【表6－1　アサヒGHDとダイドーGHDの有形固定資産と減価償却費】

		アサヒGHD	ダイドーGHD
有形固定資産（対　総資産）		7,350.2億円（23.4%）	408.1億円（25.0%）
減価償却費		1,130.3億円	96.4億円
（内訳）	販売・管理部門の減価償却費	554.8億円	85.0億円
	製造部門の減価償却費	575.5億円	11.4億円

（注）日本経済新聞社『NEEDS-Financial QUEST』のデータに基づき筆者作成。

【写真6－1　三ツ矢サイダーを製造中のアサヒ飲料明石工場生産ライン】

写真提供：アサヒ飲料株式会社

に少ないことが分かるだろう。その理由は、ダイドーGHDの生産・物流体制にある。ダイドーGHDがコアビジネスとする国内飲料事業では、生産・物流を外部へ委託し、製品の企画・開発と自販機オペレーションに経営資源を集中させるビジネスモデルが採用されている。メーカーとよばれる企業であっても、すべての企業が自前の生産設備を保有しているわけではないのである。自社工場を持たずに外部へ生産を委託する、いわゆる「ファブレス企業」とよばれるメーカーも存在するのである。

3 有形固定資産の取得

有形固定資産の取得原価

有形固定資産の取得方法はさまざまであるが、その代表的な方法は購入による取得である。企業が購入した有形固定資産は、取得原価で貸借対照表に計上される。有形固定資産の取得原価は、購入代価に付随費用を加算して決定する。付随費用には、引取運賃、買入手数料、関税、据付費、試運転費などが含まれる。

購入に際して、品質不良等による代金の値引きや多額の購入による代金の減額を受けたときには、それらの額を購入代価から控除する。ただし、代金の早期支払にともなう支払免除額は金利の性質を有するため、取得原価から控除せず損益計算書の営業外収益に計上する。

資本的支出と収益的支出

有形固定資産の使用を開始した後、改良や修理を行った場合には追加的な支出が発生する。(a)資産の使用可能年数を延長させる効果をもつ支出や資産価値を増加させる支出（これを**資本的支出**という）は、有形固定資産の取得原価に含められる。これに対し、(b)定期的な補修・修理・部品交換など、通常の維持管理や原状回復のために要した支出（これを**収益的支出**という）は、修繕費として費用処理される。

両者の区別は、利益計算に直接的な影響をおよぼすため重要である。ただし、実際にそれらを厳密に区別することは難しく、実務では一定額以下の支出はすべて収益的支出として取扱われている。

4 減価償却

減価償却とは

工場や機械装置などの生産設備は、生産活動に使用され、そこで製造された製品が最終的に販売されることを通じて売上収益の獲得に貢献している。生産設備は、材料などの棚卸資産とは異なり、生産活動に使用しても物理的に数量が減少することはない。しかし、資産としての価値は、使用や時の経過によって徐々に減少し、使用可能期間（これを耐用年数という）が経過した時点では、わずかな評価額（これを残存価額という）にまで低下している。

たとえば、機械を100万円で購入したとする。その機械は５年にわたって使用可能であると予想され、５年後には中古資産として売却すれば10万円になるとしよう。この例から分かることは、５年にわたって使用することによって90万円（＝取得原価100万円－残存価額10万円）の価値が減少することである。

会計上、この事実を適切に描写するには、有形固定資産の取得原価から残存価額を控除した差額（価値の減少分）を耐用年数にわたって費用として配分するとともに、資産の貸借対照表上の金額を同額だけ減額していく必要がある。この費用化の手続を**減価償却**という。減価償却によって、有形固定資産の取得原価は減価償却費とよばれる費用に配分されることになる。

減価償却費の計算

各期に配分される減価償却費の計算を行うには、①取得原価、②残存価額および③減価償却の方法が特定されなければならない。

①　取得原価

有形固定資産の取得原価は、本章第３節で説明した方法により決定する。

②　残存価額

残存価額は、有形固定資産の耐用年数経過後に見込まれる処分価格または利用価値を事前に見積ることによって決定する。

③　減価償却の方法

有形固定資産の取得原価を減価償却費として配分する方法には、(a)耐用年数を基準とする方法と、(b)利用度を基準とする方法がある。

一般には、耐用年数を配分基準とする方法がひろく採用されている。その代表的な方法として、定額法と定率法がある。**定額法**は、資産の耐用年数にわたり、毎期均等額ずつの減価償却費を計上する方法である。**定率法**は、期首の未償却残高に一定の償却率を乗じて減価償却費を計上する方法である。定額法と定率法による減価償却費の具体的な計算例はColumn６－２で紹介している。

また、航空機や自動車のように、飛行距離や走行距離などで総利用量が予定されている資産については、資産の利用度に応じて減価償却費を計上する生産高比例法を適用することができる。

企業は、それぞれの実情にあわせてふさわしい方法を選択すればよい。ただし、

【図６－１　有形固定資産の減価償却方法に関する注記事例】

（アサヒGHDの場合）

５　重要な会計方針

(4)　有形固定資産

土地は減価償却しておりません。他の資産の減価償却額は、各資産の取得原価を残存価額まで以下の主な見積耐用年数にわたって定額法で配分することにより算定しております。

建物及び構築物　３年から50年
機械装置及び運搬具　２年から15年
工具、器具及び備品　２年から20年

（ダイドーGHDの場合）

４．会計方針に関する事項

(2)　重要な減価償却資産の減価償却の方法

①　有形固定資産（リース資産を除く）

定額法

なお、耐用年数及び残存価額については、主として法人税法に規定する方法と同一の基準によっております。

（出所）　アサヒGHD「有価証券報告書」（2019年12月期）およびダイドーGHD「有価証券報告書」（2020年１月期）より一部抜粋。

Column 6 - 2

定額法と定率法

次の数値例を用いて、定額法と定率法による減価償却を比較してみよう。

取得原価1,000,000円で機械を購入、残存価額ゼロ、耐用年数５年

■定額法を適用した場合

定額法による減価償却費は、次の算定式によって計算される。

減価償却費 ＝（取得原価－残存価額）÷ 耐用年数

定額法によれば、毎期の減価償却費は［1,000,000円÷５年＝200,000円］と計算される。

■定率法を適用した場合

定率法による減価償却費は、次の算定式によって計算される。

減価償却費 ＝（取得原価－減価償却累計額）× 償却率

減価償却累計額は、それまでに当該資産について計上された減価償却費の合計額である。取得原価から減価償却累計額を差し引いた額は、いまだ減価償却が行われていない部分という意味で未償却残高とよばれる。償却率は次式で求められる。

$$償却率 = 1 - \sqrt[耐用年数]{\frac{残存価額}{取得原価}} \quad \cdots(a)$$

償却率 ＝（１÷耐用年数）× 一定倍数　…(b)

(a)は従来の償却率である。しかし、現在の税法基準にあわせて、残存価額をゼロとする場合、(a)の償却率は1.0（100％）となり、即時に償却されることになる。そこで、残存価額をゼロとする場合には、(b)の償却率を用いる。［１÷耐用年数］に乗じる一定倍数は、2007年４月１日以後の取得資産については2.5、2011年４月１日以後の取得資産については2.0とすることが税法で規定されている。［１÷耐用年数］は、定額法による償却率である。これを２倍したものを償却率として用いる場合、そこでの定率法は200％定率法とよばれる。

200％定率法によれば、各期の減価償却費は次のように計算される。

【定率法の計算例】

年度	期首の未償却残高（A）	①A×償却率	②A÷期首の残存耐用年数	減価償却費（①と②の大きいほう）	期末の未償却残高
1	1,000,000	400,000	A÷５年＝200,000	400,000	600,000
2	600,000	240,000	A÷４年＝150,000	240,000	360,000
3	360,000	144,000	A÷３年＝120,000	144,000	216,000
4	216,000	86,400	A÷２年＝108,000	108,000	108,000
5	108,000	43,200	A÷１年＝108,000	108,000	0

償却率は［(１÷５)×2.0＝0.4］である。したがって、１年目の減価償却費は［(1,000,000円－０円）×0.4＝400,000円］、２年目の減価償却費は［(1,000,000円－400,000円)×0.4＝240,000円］と計算される。３年目以降も同様の計算を繰り返すが、①［期首の未償却残高×償却率］の金額が、②［期首の未償却残高÷残存耐用年数］の金額より小さくなる年度以後は、②の金額が減価償却費とされる。

定額法を用いる場合は、減価償却費が毎期一定であるため、価値の減少が直線的になる。定率法を用いる場合は、耐用年数の初期ほど多額の減価償却費が計上され、耐用年数が経過するにつれて償却費が逓減していくことになる。

正当な理由がない限り、いったん選択した方法は毎期継続して適用しなければならない。また、実際に採用した減価償却方法は、**図６－１**の記載事例に示すように、重要な会計方針の１つとして財務諸表に注記しなければならない。

減価償却の実務

多くの企業は、会計上の利益と税務上の課税所得の二重計算を避け、余分な経理コストを節約するために、税法規定に準拠して減価償却を行っている。

たとえば、従来の税法では、残存価額を取得原価の10％と規定していた。しかし、2007年度の税制改正によって、2007年４月１日以後に取得・使用開始する資産については、残存価額を廃止し、備忘価額の１円まで償却できるようになった。この税制改正後、多くの企業は残存価額をゼロとして計算している。また、耐用年数についても、資産の種類と用途別に定められた税法上の法定耐用年数を用いる企業が多い。図６－１で示したように、ダイドーGHDでは、残存価額と耐用年数について税法基準が採用されている。

さらに、税法基準を採用する傾向は、減価償却方法の選択においても確認される。調査データは少し古くなるが、**表６－２**は日本の上場会社（300社または500社）が本決算において採用した有形固定資産の減価償却方法を示している。

【表６－２　有形固定資産の減価償却方法】

年　　度	1997	1998	1999	2000	2001	2002	2003	2004	2005	2006
定率法のみ	344	333	98	29	33	36	26	20	25	23
定額法のみ	21	21	25	19	20	16	26	21	25	17
定率法と定額法の併用	119	129	359	243	228	228	239	241	232	251
定率法と定額法以外の併用	3	5	3	1	8	5	2	1	8	3
定率法と定額法及びその他の方法の併用	13	12	15	14	11	15	7	17	10	6
合　　計	500	500	500	300	300	300	300	300	300	300

（出所）日本公認会計士協会編『決算開示トレンド（平成12年版・平成15年版・平成19年版）』中央経済社，2000年・2003年・2007年，215頁・213頁・252頁。

定額法と定率法を併用する企業が多く、資産に応じて減価償却方法を使い分けていることが分かるだろう。特に1999年度以降、定額法と定率法を併用する企業が急増している。1998年度の税制改正において、1998年４月１日以後に取得する建物の減価償却は定額法によると変更され、これに合わせる形で多くの企業が減価償却方法の変更を行ったと推察される。

減価償却方法の変更は利益額に大きな影響を与える。ダイドーGHDは、2020年１月期決算より、有形固定資産の減価償却方法を定率法から定額法へ変更した。有形固定資産の使用実態を見直した結果、今後長期にわたり安定的に稼働し、設備投資効果が平均的に生じると考えられるため、定額法が合理的であると判断したという。減価償却方法の変更により、営業利益は2.6億円増加したという。2020年１月期決算の営業利益は28.9億円である。もし、減価償却方法の変更がなければ、営業利益は26.3億円にとどまっていた。結果的に、ダイドーGHDが行った定額法への変更は、営業利益を10％押し上げる要因となった。

減価償却の表示

企業が保有する有形固定資産は、取得原価から減価償却累計額を控除した金額をもって貸借対照表に表示される。減価償却累計額は、有形固定資産の科目ごとに控除する形式で表示するのが原則であるが、すべての科目の減価償却累計額を一括して記載してもよい。また、貸借対照表の本体には取得原価から減価償却累計額を控除した純額（未償却残高）のみを記載し、減価償却累計額を科目別または一括して注記する方法も認められている。**図６－２**は、ダイドーGHDの記載事例を示している。ダイドーGHDでは、貸借対照表の本体に取得原価から減価償却累計額を控除した純額（未償却残高）のみを記載し、減価償却累計額を一括して注記する方法を採用している。

【図６－２　有形固定資産と減価償却累計額の表示】

有形固定資産	（単位：百万円）
建物及び構築物（純額）	11,022
機械装置及び運搬具（純額）	6,271
工具、器具及び備品（純額）	16,338
土地	4,304
リース資産（純額）	2,652
建設仮勘定	221
有形固定資産合計	※２　40,812
【注記事項】（連結貸借対照表関係）	
※２　有形固定資産の減価償却累計額	67,967百万円

（出所）　ダイドーGHD「有価証券報告書」（2020年１月期）より一部抜粋。

有形固定資産の減価償却費は損益計算書に計上されるが、その計上方法は資産に応じて異なる。工場や機械装置など製造部門で使用される資産の減価償却費は、製造経費に含められて製品の製造原価に集計され、最終的には損益計算書の「売上原価」に含められる。本社ビルや営業所など販売・管理部門で使用される資産の減価償却費は、損益計算書の「販売費及び一般管理費」に記載される。たとえば、アサヒGHDでは、当期の減価償却費1,130億円のうち、販売・管理関連資産の減価償却費として554億円が損益計算書に計上されている。残り575億円は製造関連資産の減価償却費として製造経費に計上されたものと推計される。一方、ダイドーGHDでは、当期の減価償却費96億円の88％に相当する85億円が販売・管理関連資産の減価償却費として損益計算書に計上されている。同社では主力の国内飲料事業にファブレス方式を採用しているため、残り11億円は国内飲料事業以外で計上された製造関連資産の減価償却費となる。具体的には、海外飲料事業、医薬品関連事業および食品事業を営むグループ会社が国内外に有する製造関連資産の減価償却費として製造経費に計上したものと推計される。

5 減損処理

減損処理の影響

生産設備への投資は、製造活動から回収される金額が投資額を十分に上回ることを期待して実施される。しかし、その後の技術革新や市場環境の変化などによって、その資産の収益性が急激に低下することがある。固定資産の収益性の低下により投資額の回収が見込めなくなった状態を**減損**という。減損が生じた場合は、固定資産の回収可能性を反映させるように帳簿価額を減額する減損処理を行う必要がある。わが国では、2006年３月期決算より、固定資産の期末評価として**減損処理**の実施が義務づけられている。

表6－3では、2015年度から2019年度までの上場会社本決算において計上された減損損失の累積額上位10社を示している。生産設備を多く保有する企業が並んでいるのが分かるだろう。

減損損失の金額に注目すると、その大きさに驚くばかりである。企業が努力して稼いだ利益を一気に目減りさせてしまうほどの規模の損失額だからである。なかには、数年分の経常利益を上回る金額の減損損失を計上した企業もいくつかある。減損処理が適用されると、これだけの巨額の損失が表面化することから、減損処理が利益に与える影響は甚大である。したがって、有形固定資産を多く保有し将来の減損リスクが懸念される企業においては、不採算事業の資産処分、設備投資計画の見直し、資産管理体制の厳格化などの減損リスクへの対応がよりいっそう重要な課題となる。

【表６－３　減損損失計上額の上位10社】

（累積ベース、単位：億円）

	企　業　名	業　種	減損損失	経常利益
1	ENEOSホールディングス	石油・石炭製品	7,231	7,318
2	日産自動車	輸送用機器	6,178	30,679
3	九州旅客鉄道	陸運業	5,308	2,768
4	日本郵政	サービス業	4,855	43,728
5	日本製鉄	鉄鋼	4,554	4,724
6	JFEホールディングス	鉄鋼	2,919	2,977
7	イオン	小売業	2,611	10,017
8	パナソニック	電気機器	2,461	15,887
9	日本郵船	海運業	2,440	1,315
10	東京電力ホールディングス	電気・ガス業	2,438	13,490

（注）日本経済新聞社『NEEDS-Financial QUEST』のデータに基づき筆者作成。

減損処理の手続

減損処理の手続は、次の３つのステップに分かれている。

まずは、資産に**減損の兆候**があるかどうかの調査である。減損の兆候とは、資産に減損が生じている可能性を示す事象をいう。たとえば、その資産を使用する事業について、①営業活動から生ずる損益やキャッシュ・フローの継続的なマイナス、②事業の廃止または再編の実施、③経営環境の著しい悪化、④資産の市場価格の著しい下落などが生じた場合には、減損の兆候が確認される。

このような減損の兆候がみられる場合は、次にその資産について減損損失を認識するかどうかの判定を行う。その判定は、資産から生み出される将来キャッシュ・フローの総額を見積り、その金額と帳簿価額を比較することによって行う。そして、資産から生み出される将来キャッシュ・フローの総額が帳簿価額を下回る場合には、減損の存在は確実であるとして減損損失を認識する。将来キャッシュ・フローを見積る期間は、資産の経済的残存使用年数と20年のいずれか短いほうとする。

たとえば、現在保有している機械（帳簿価額1,000,000円）について減損の兆候がみられるため、当期末に将来のキャッシュ・フローを見積もったところ、残存する３年の耐用年数において毎年200,000円ずつのキャッシュ・フローが生じ、使用後の処分価格はゼロと見込まれたとする。このケースでは、［機械の帳簿価額（1,000,000円）>将来キャッシュ・フローの総額（200,000円×３年＝600,000円）］であるため、減損の存在は確実であるとして減損損失を認識しなければならない。

減損損失の認識が必要であると判定された資産については、その帳簿価額を回収可能な価額まで減額し、当該減少額を**減損損失**として当期の特別損失に計上する。企業は、売却するか継続して使用するかのいずれか有利な手段によって、資産に対する投資額を回収するはずである。したがって、ここでの**回収可能価額**は、(a)売却による回収額としての**正味売却価額**（資産の売却時価から処分費用見込額を控除して算定される金額）と、(b)使用による回収額としての**使用価値**（資産の継続的使用と使用後の処分によって生ずると見込まれる将来キャッシュ・フローの現在価値）のいずれか高いほうの金額である。

前述の設例において、将来キャッシュ・フローを当期末時点の価値に計算するために適切と思われる割引率５％を用いて算定した使用価値は［200,000円÷（１＋0.05）＋200,000円÷（１＋0.05）^{2}＋200,000円÷（１＋0.05）^{3}＝544,650円］であり、機械の当期末時点での正味売却価額は150,000円であるとする。この場合、今後３年間使用し続けるほうが現時点で売却するよりも企業にとって有利である。したがって、資産の回収可能価額は使用価値の544,650円であり、これが機械の新たな貸借対照表価額となる。機械の帳簿価額1,000,000円と回収可能価額544,650円との差額455,350円は、減損損失として損益計算書に計上される。

いったん減損処理を行った資産については、減損損失を控除した帳簿価額を基礎として、毎期規則的に減価償却を実施する。減損処理後に、見積りの変更により回収可能価額が回復しても、減損損失の戻入れは行わない。

6 おわりに

本章では、生産設備を含む有形固定資産の会計について学習した。有形固定資産の会計のポイントを整理すると、次の３点に要約される。

第１のポイントは取得原価の決定である。有形固定資産を取得したときには、これを資産として貸借対照表に計上しなければならない。その金額をどのようにして決めるかという問題が取得原価の決定である。たとえば、購入によって取得した場合、購入代価に付随費用を加算して取得原価を決定する。

第2のポイントは減価償却である。有形固定資産は、売上収益獲得のために企業活動において繰り返し使用されるが、その多くは使用や時の経過にともなって資産の価値が減少する。この事実を適切に描写しようとすれば、価値の減少分を費用として計上するとともに、資産の貸借対照表上の金額を価値減少分に相当する額だけ減額しなければならない。

第3のポイントは減損処理である。固定資産の収益性の低下により、当該資産に対する投資額の回収がもはや見込めなくなったものについては、回収可能な価額まで資産の帳簿価額を減額しなければならない。

？考えてみよう

1. 定額法と定率法による減価償却の特徴について考えてみよう。

2. 減価償却費の金額を過年度の数値と比較したり、同時点における他企業の数値と比較したりするときに、どのようなことに注意しなければならないか考えてみよう。

3. 企業の設備投資の状況を読み取るには、財務諸表のどの項目に注目すればよいか考えてみよう。

参考文献

桜井久勝『財務会計講義（第21版）』中央経済社、2020年。

桜井久勝・須田一幸『財務会計・入門（第13版）』有斐閣、2020年。

日本公認会計士協会『決算開示トレンド（平成12年版、平成15年版、平成19年版）』中央経済社、2000、2003、2007年。

次に読んで欲しい本

桜井久勝『財務会計講義（第21版）』中央経済社、2020年。

桜井久勝・須田一幸『財務会計・入門（第13版）』有斐閣、2020年。

米山正樹『減損会計―配分と評価―（増補版）』森山書店、2003年。

第7章

金融資産の会計

1　はじめに
2　金融資産の種類と目的
3　現金及び預金
4　有価証券
5　時価評価
6　おわりに

1 はじめに

「へそくり」や「タンス預金」といって、自宅にこっそり現金を保管しているシーンを、みなさんもテレビドラマなどでみたことがあるだろう。しかし、実際には、単に保有しているだけで現金を増やすことはできない。それどころか、多額の現金を自宅においていると、うっかり紛失してしまう心配も出てくる。そこで、現金をどういう形で管理し、増やしていくのかということが重要な問題となる。

企業も同じく、株主や債権者から集めてきた現金を単に保有するだけでは、それを増やすことはできない。株主は企業から配当を受け取ることを期待しているし、債権者は貸した資金と利息を返済日には耳をそろえて返してもらうことを期待している。それでは、株主や債権者からの期待や要求に応えるために、企業はどうすればよいのだろうか？　早い話が、効率よく儲(もう)ける、つまり元手の資金をどんどん増やしていけばよいのである。それでは、企業は儲けるために、どのような活動をしているのだろうか？　たとえば、トヨタ自動車のような製造業は、車という製品を作って販売し、原価と売価の差額からもうけ（利益）を確保することによって、資金を増やしている。

しかし、製造業も、モノを作って売るだけで、儲けているわけではない。本業で十分儲けている企業は余った資金を本業以外の活動に使って増やしている。たとえば、他社の株式や債券を買ったり、銀行に預金として預けることによって資金を増やすことができる。このような企業による本業以外の活動（営業外活動）を**金融活動**という。

本章では、みなさんと一緒に企業が行う金融活動について、詳しくみていくことにしよう。金融活動に使われている資産にはどのようなものがあるのだろうか。また本業に使われる資産（事業資産）と比べて、**金融資産**に特徴的な会計処理である**時価評価**とはどのようなものかを中心に学習しよう。

2 金融資産の種類と目的

金融資産の保有比率

金融資産とは、その名のとおり、現金、あるいはすぐに現金化できる資産（キャッシュ）であると、イメージしてもらいたい。それでは、一体、日本企業はこのキャッシュに限りなく近い資産をどれぐらい保有しているのだろうか。企業の保有する資産の総額（総資産）に対して金融資産の占める割合（金融資産比率）を調べたのが**図７－１**である。

【図７－１　金融資産比率※】

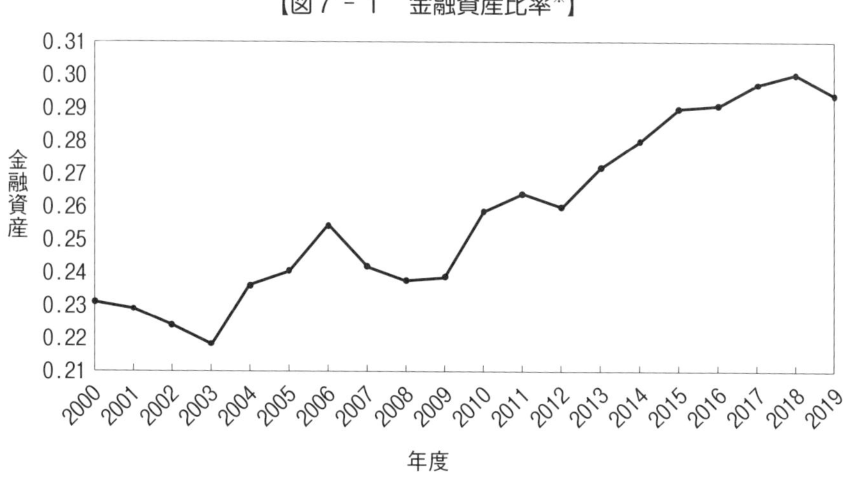

※　金融資産は、現金及び預金、有価証券、貸付金などから構成されており、日本経済新聞社『NEEDS-Financial QUEST』に収録されている３月決算企業の年度別平均値が用いられている。

図７－１は、2000年から2019年の過去20年間にわたり、日本の上場企業が金融資産をどれぐらい保有してきたのかを示している。この図から金融資産の保有比率は上昇傾向にあり、平均すると企業は総資産の約25％程度の金融資産を保有していることが分かる。ところで、みなさんは普段財布に現金をいくら入れているだ

ろうか。１万から３万円ぐらいが一般的だろうか。スマホ決済などによるキャッシュレス化がすすんでいることもあり、ほとんど現金を持ち歩かない人が増えているかもしれない。しかし、なかには常に５万円や10万円など多額の現金を持ち歩いている人もいるだろう。そういう人はリッチといわれるが、任天堂やトヨタ自動車など、優良企業のなかには総資産に占める金融資産の割合が５割を超える企業もあり、まさにリッチな企業といえるだろう。

しかし、金融資産の保有割合は高ければよいというものでもない。みなさんも海外旅行に行く際に、多額の現金を持ち歩かないように注意するだろう。企業も多額の金融資産をもっていると、いつハゲタカに狙われるかもわからない。実際、東京スタイルやアデランスなどかつてM&Aのターゲットとして狙われた企業も、株価が割安な状況で金融資産を多く保有していた。何事もバランスが大事である。

それでは、企業はどのような目的で金融資産を保有するのだろうか。きっと何らかの目的があるはずである。その目的の１つは、余った資金を金融活動に回すという財テク目的である。タンス預金をするぐらいなら、企業は銀行に預けたりして、少しでも金融資産を増やそうと努力する。もう１つの目的は、他社を支配するという支配目的である。金融資産のなかには、それを保有することによって、他社を支配することができる資産も含まれるからである。つまり、財テク目的と支配目的で金融資産を保有するケースがみられるのである。それでは、この２つの保有目的と関連する金融資産を個別にみていくことにしよう。

財テク目的

財テク目的で保有される金融資産には、預金、貸付金、債券、株式などがある。これらの資産は、現金を一時的に預けたり、貸し付けたりすることによって、企業の資金を増やす手段となる。たとえば、いまみなさんは手元に100万円をもっていて、これを銀行に預けるとしよう。かりに年間の利息が２％であるならば、１年間銀行に100万円を預けた結果、２万円の利息が生まれる。これを**受取利息**という。

預金100万円 × 利息２％ ＝ 受取利息２万円

タンス預金をしていても、キャッシュは増えないが、銀行に預けるだけで、利息分が増えている。貸付金なども、預金と同じように、貸した現金とともに利息が増える。

また、みなさんが、株式投資に興味をもつとしよう。いま１万株の株式を保有しており、１株につき年間５円の配当が支払われるならば、株式を保有することによって、みなさんは５万円の**受取配当金**を得ることができる。

保有株式１万株 × １株当たりの配当５円 ＝ 受取配当金５万円

これら受取利息や受取配当金は、**インカム・ゲイン**とよばれ、損益計算書の営業外収益に含まれる。

さらに、株式と債券は売却することによって、売却損益を得ることができる。たとえば、みなさんが１株500円で１万株の株式を取得した場合、株式の取得原価は500万円（500円×１万株）である。いま１株700円で１万株すべてを売却することができるならば、販売価格は700万円（700円×１万株）となる。

販売価格700万円 － 取得原価500万円 ＝ 売却益200万円

この取引によって、取得原価（500万円）と販売価格（700万円）の差額である200万円が「有価証券売却益」として、損益計算書に計上される。このように、株式や債券は、配当や利息を受け取るだけではなく、売却によって売却益を獲得する点で、預金や貸付金とは異なる。このような売却益を**キャピタル・ゲイン**とよぶ。売却損が生じた場合には、**キャピタル・ロス**という。なお、売却損は、「有価証券売却損」として計上される。

支配目的

みなさんは、クラブやサークルなどの団体で、対立する意見をまとめて結論を出す場合に、どのようなルールに基づいて物事を決めているだろうか。会議の参加者の大多数が賛同するかどうか、つまり、多数決で物事を決めるのが一般的だろう。企業においても、何か物事を決定する際には、株主総会における投票で決定される。したがって、他社の株式のなかでも、特に、株主総会で投票権のある株式（議決権付き株式という）を保有するのは、他社の意思決定を支配したり、影響を及ぼしたりすることを意図する目的のためである。みなさんも『半沢直樹』などの社会派ドラマにおいて、議決権付き株式の獲得が企業の命運を左右するケースをみたことがあるだろう。

このように株式は、単に余った資金を遊ばせておくのがもったいないので、財テクに回して増やすという目的以外に、他社を支配する目的でも保有される点が、その他の金融資産と大きく異なっている。

3 現金及び預金

金融資産のうち、現金と短期の預金は、一括りにして「現金及び預金」として、貸借対照表で流動資産のトップに位置づけられる。それだけ企業にとって重要な資産であることを意味している。現金といえば、われわれは１万円札などの紙幣と100円玉のような通貨を思い浮かべるが、会計ではそれ以外に通貨代用証券といって紙幣や通貨と同様に使えるものも現金に含める。他人が振り出した**小切手**や**郵便為替証書**がそれである。

預金には、銀行や郵便局など金融機関に預け入れた預金、貯金、掛金などが含まれる。銀行預金には、普通預金、当座預金、通知預金、定期預金がある。預金は通常預け入れの期間や途中解約の条件によって、金利が異なる。預金のなかでも、決算日の翌日から数えて、１年以内に満期日が到来するものは流動資産に区分表示され、１年を上回る長期間の預金は、固定資産の「投資その他の資産」に区分表示される。したがって、当初は満期までの期間が１年を上回るものであっても、満期日が近づいて、１年以内になった場合には、固定資産から流動資産に分類を変更する必要がある。

現金及び預金の管理

引き出しの中にしまってあった現金がみつからない、あるいは昨日財布に1,000円しか入っていなかったのに、どういうわけか１万円に増えているならば、どちらもかなり気持ちの悪い出来事である。なぜ？　どうして？　と、保管していた現金と自分自身の記憶を行ったり来たりしなければならない。このような事態を避けるべく、企業は現金及び預金の管理を徹底するために数々の工夫を凝らしている。たとえば、支払担当者に少額の現金を前渡しし、支払った額の領収書と残りの現金の合計額が一定になるように、週末や月末の報告に従って、支払に使われた現金の分だけ補充するシステム（**定額資金前渡制**）によって、現金を管理する。万が一、手元の現金と帳簿上の現金が一致しなかった場合、**現金過不足勘定**を設けて、調査の結果、足りなかった場合の差額を**雑損**として営業外費用に、逆に多かった場合の差額を**雑益**として営業外収益に含める。

また、当座預金に関しても、銀行から当座預金口座の入金と引き出しの記録を取り寄せ、帳簿記録と突き合わせる。かりに不一致がみつかった場合には、銀行勘定調整表を作成して、その不一致の原因を明らかにする。このように、企業は現金と預金の残額に誤りがないように管理している。これによって、責任の所在も明らかになる。

4 有価証券

有価証券は、一定の権利や価値のある証券をさすが、金融商品取引法で規定された株式や債券がこれに含まれる。みなさんも家族に肩たたき券やマッサージ券をプレゼントしたことがあるだろう。肩たたき券もマッサージ券も家族間でのみその価値が認められるのに対して、有価証券は、証券市場で不特定多数の人に価値が認められ、取引の対象とされている。

有価証券のうち、株式会社が資金を集めるために発行した証券が株式である。それに対して、**債券**は、その名のとおり、負債を証明するための証券である。このうち、国が発行したものを**国債**といい、民間企業が発行したものを**社債**という。債券は、利息だけでなく、満期（返済期限）まで保有すれば、額面どおりの金額を受け取ることができる。これらの有価証券（株式と債券）は、企業がそれをどのような目的で保有しているかによって、流動資産と固定資産に分類される。流動資産に分類される有価証券は、⑴売却益、すなわちキャピタル・ゲインを獲得する目的で保有するものと、⑵利子であるインカム・ゲインを得るために満期まで保有する目的の債券のうち、１年以内に満期を迎えるもの、⑶１年以上保有するものから構成される。これらのうち、⑴と⑵は流動資産に分類され、「有価証券」として計上される。ただし、**子会社株式**、**関連会社株式**などは、「**関係会社株式**」として固定資産に分類される。一方、⑶は「投資有価証券」として投資その他の資産に分類される。

有価証券を取得する方法には、証券市場においてすでに発行済みの証券を購入する方法と、新たに発行される証券に応募して、対価を払い込んで取得する方法がある。購入する場合には、購入対価だけでなく証券会社に支払う手数料などの付随費用を加えて、取得原価を算定する。払込みによって取得する場合には、払い込んだ

Column 7 - 1

子会社と関連会社

企業は法的には別の会社であっても、企業グループとして、経済的には密接な関係をもって活動することが知られている。たとえば、トヨタ自動車のようにグループの中心となる企業のことを、**親会社**という。**子会社と関連会社**は、親会社によって支配や影響を受ける会社のことをいうが、その程度は異なっている。たとえば、S社は議決権付き株式を100万株発行しているとしよう。この場合、S社の発行済み株式の50%を超える、すなわち50万株を超える株式をP社が保有しているとしよう。この場合、P社は株主総会で、S社の経営陣をはじめ、重要な事柄を決定することができるため、P社はS社の親会社であり、S社はP社の子会社となる。また、P社が過半数の株式を所有していなくても、実質的にS社の財務方針や経営方針を決定できるならば、S社はP社の子会社と判断される。たとえば、トヨタ自動車はダイハツ工業の議決権の100%、日野自動車の議決権の50%以上を保有しているため、トヨタ自動車の子会社ということになる。

一方、関連会社は、親会社が、財務方針や経営方針に重要な影響を及ぼすことができる会社をさす。たとえば、A社の議決権付き株式が10万株発行されている場合に、P社がその20%から50%、すなわち、2万株から5万株を保有しているならば、A社はP社の関連会社となる。ただし、P社によるA社の株式保有割合が20%（2万株）に満たない場合でも、実質的に資金調達、新たな工場の立地、新商品の開発などの重要な経営方針に口出しできるならば、A社はP社の関連会社となる。トヨタ自動車は、デンソーやアイシン精機の議決権の25%程度を保有していることから、これらの企業は、トヨタ自動車の関連会社ということになる。

関連会社に比べて、親会社による子会社への支配は強力であるため、親会社と子会社の財務諸表は合算して、企業集団の財務諸表として作成される。これに対して、親会社による関連会社への支配はそれほど強力でないため、関連会社の獲得した利益が1億円であり、親会社の持株比率が20%であれば、その割合である2,000万円（1億×20%）を企業集団の利益に加える。

金額が取得原価になる。

5 時価評価

大企業といえども、いつも正しい判断を行い、利益を上げることができるとは限らない。証券市場が右肩上がりで上昇し続けるような状況こそ危険が潜んでいるのかもしれない。真面目にモノ作りに励んでチマチマと製品を売るよりも、株式投資で簡単にドカッと儲けることができる。そんな考えに取りつかれてしまうかもしれないからである。たとえば、かつてシャープやヤクルトは財テクの失敗で、巨額の損失を計上したことがある。つまり、企業が本業を疎かにして過度な財テクに走ることにはリスクがつきまとうのである。

そこで、このようなリスクに対応すべく、金融資産への投資が妥当なものか、市場における最新の取引価格である時価で毎期評価することが求められるようになったのである。よくお寿司屋さんで、トロやウニを注文する際に、価格表に時価と書かれているのを目にしたことがあると思うが、高級なネタほどその日の相場で仕入れ価格が大きく変動するため、最新の価格、すなわち時価が採用されている。金融資産についても同じく、東京証券取引所など市場での取引価格が刻々と変化する。したがって、金融資産のなかには時価で評価されるものがある。

【写真７－１　東京証券取引所　内部】

写真提供：株式会社日本取引所グループ

時価は市場における公正な取引から形成される価格であり、過去の取引日の取得原価に比べて、より最新の情報を提供できる。このことから、透明性や適時性において優れているといわれる。その一方で、取得原価は、現金の支払いと引き換えに、契約書や送り状などその取引が実際に行われたことを裏付ける客観的な証拠を備えているため、時価よりも信頼性や検証可能性において優れているともいわれる。

償却原価

金融資産は、時価や取得原価以外に、償却原価で評価されることもある。なぜなら国債や社債などの多くは、その額面金額と異なる金額で取得し、満期まで保有するからである。たとえば、額面金額100円の国債を10,000口購入する場合、額面金額に基づくと総額は1,000,000円である。しかし、額面金額より安い98円で取得すると、取得価額は980,000円となる。

額面金額	100円	×	10,000口	＝	1,000,000円
取得価額	98円	×	10,000口	＝	980,000円
利息の調整分	………………………………►				20,000円

額面金額と取得価額の差額の20,000円が債券の利息の調整分にあたる。満期までの保有期間が５年であれば、差額の20,000円については、毎期4,000円ずつ修正される（20,000円÷５年＝4,000円）。１年後から４年後までの間に、**修正原価**は984,000円、988,000円、992,000円、996,000円と修正され、５年後には額面金額の1,000,000円に等しくなる。このように、満期日までの間に額面価額と取得価額の差額は規則的に加減され、取得原価は修正される。この修正された原価を償却原価とよび、額面金額と取得価額の差額を規則的に加減する方法を**償却原価法**という。

有価証券の評価

決算日に行うべき有価証券の評価をまとめると、**表７－１**のとおりである。取得原価、時価、償却原価の３つが保有目的によって用いられる。まず、**売買目的有価証券**は、キャピタル・ゲインを獲得する目的で保有されるため、時価で評価される。プログラムに従って即座に取引を成立させるAIトレーダーではないが、売却できる

【表７－１　保有目的による有価証券の分類と期末評価】

有価証券の区分	貸借対照表価額（評価基準）	評価差額
売買目的有価証券	時　価	当期の有価証券運用損益として利益計算に含める。
満期保有目的の債券	償却原価	償却原価法による差額を受取利息または支払利息として利益計算に含める。
子会社株式・関連会社株式	取得原価	該当なし
その他有価証券（市場価格がある）	時　価	①　評価差額はすべてその他有価証券評価差額金として純資産に含める。
		②　評価損は損失に、評価益はその他有価証券評価差額金として純資産に含める。
その他の有価証券（市場価格がない）	償却原価	償却原価法による差額を受取利息または支払利息として利益計算に含める。
	取得原価	該当なし

市場がすでに存在し、いつでも換金することができる場合、それは売買したのも同然とみなされる。このため、売買目的有価証券は実際に売却されていなくても、その時価と取得原価の差額が**「有価証券運用損益」**として、損益計算書に計上され、利益計算に含められる。

次に、企業がインカム・ゲイン、すなわち利息を獲得することを目的として債券を保有する場合を考えてみよう。時価がどれだけ激しく変動しようとも、途中で売却することがなく、満期日を迎えるまで有価証券を保有し続けるならば、あえて有価証券を時価評価する必要はない。このような有価証券は**満期保有目的の債券**とよばれ、取得原価で評価される。ただし、先ほど説明しように、額面どおりの価額で取得しなかった債券は、償却原価で評価される。

また、そもそも売買も満期も関係ない有価証券がある。他社を支配する目的で保有する株式、すなわち、**子会社株式や関連会社株式**がそれである。これらの株式は、時価が上下しても売却する前提で保有されていないので、取得原価で評価される。

さらに、売買目的有価証券、満期保有目的の債券、子会社・関連会社株式のいずれにも該当しない有価証券は、**その他有価証券**とよばれる。わが国の場合、その他有価証券に分類される有価証券には、**政策保有株式（持ち合い株式）**が多く含まれ

Column 7 - 2

政策保有株式

子会社や関連会社ほど持株比率が高いわけではないが、わが国において、株式会社が、お互いに取引相手企業の株式を政策目的で保有する慣行がある。この慣行に基づき、キャピタル・ゲインやインカム・ゲインを得るという財テク目的ではなく、事業を効率よく行う上での密接な協力関係を維持する目的のため、相手企業と相互に保有する株式を、政策保有株式（持ち合い株式）とよぶ。わが国において、これまで旧財閥系のグループ企業や銀行を中心に、グループ間の取引関係の強化、安定株主の維持などのために株式が政策目的で保有されてきた。また、政策保有株式は、M&Aのターゲットとされ、自社の株式が買い占められることから会社を守る手段としても機能してきた。

このような株式は、有価証券の分類上「その他有価証券」に区分されるため、期末には、時価で評価され、その時価評価差額は純資産に計上される。売買目的有価証券と異なり、事業を遂行するうえでの必要性から直ちに売買・換金を行うことには制約がある。そのため、政策保有株式の時価評価差額は損益計算書には含められない。

しかし、政策保有株式の時価が上昇する場合には含み益が発生する一方で、時価が下落する場合には含み損が発生するため、景気の変動が純資産に直接影響を及ぼす。また、長期間にわたって株式を保有し続けることによって、資金がほかの事業活動に回せない点も指摘されてきた。そのため、企業は、バブル経済崩壊以降、資金を効率的に利用するべく、政策保有株式の解消をすすめてきた。さらに、2018年６月に東京証券取引所の企業統治指針（コーポレートガバナンス・コード）が改訂され、政策保有株式の保有の合理性の説明など企業に対してより詳細な開示が義務付けられるようになった。これによって、近年、企業が互いの株式を持ち合う政策保有株式の削減がより一層加速している。

る点が、特徴的である。

その他有価証券には、次の２とおりの処理のうちいずれかを適用する必要がある。時価で評価し、その評価差額をすべて「**その他有価証券評価差額金**」として、貸借対照表の純資産の部に計上するのが第１の方法である。第２の方法は、評価損を損益計算書で損失、評価益を貸借対照表の純資産の部に「その他有価証券評価差額金」として計上する方法である。これはより保守的な会計処理にあたる。また、その他有価証券に分類されても、市場価格がない場合には、取得原価や償却原価で評価される。

なお、時価が著しく下落した場合には、保有目的に関係なく市場価格が参照できる有価証券については、貸借対照表価額を時価とし、評価差額は当期の損失として処理しなければならない。市場価格がない有価証券についても、実質価額が著しく低下したときは、相当の減額をして損失に計上しなければならない。

有価証券の時価評価による影響～ソフトバンクグループのケース～

前述したように株式などの有価証券を売買目的で保有すると、価格変動による評価損益が企業の業績に影響を及ぼす。このことは、ソフトバンクグループ（以下、ソフトバンクG）にも当てはまる。ソフトバンクGは2020年３月決算で15年振りの営業赤字に陥ったが、その額はなんと１兆3,646億円にも達した。しかし、前年度の2019年３月決算の営業利益は２兆736億円で、上場以来最高益を計上していたのである。一体、この１年間でソフトバンクGに何が起こったのだろうか。

みなさんは、ソフトバンクGと聞くと、スマートフォンの販売やその移動通信サービスを提供するモバイル事業の会社としてイメージするだろう。ソフトバンクGの子会社でモバイル事業を営むソフトバンクは、日本でいち早くiPhoneを導入したり、革新的な経営を行う孫正義氏が創業した会社として有名である。有価証券報告書の情報に着目すると、実際に、ソフトバンクGのモバイル事業の営業利益は、2019年、2020年ともに、8,598億円、9,233億円の黒字を計上している。それにもかかわらず、なぜソフトバンクGは赤字に陥ったのだろうか。

その答えを解くヒントは、ソフトバンクGの投資事業にある。実は、ソフトバンクGは、「情報革命で人々を幸せに」という経営理念のもとで、2017年５月にAIなどテクノロジー企業への投資を行うソフトバンク・ビジョン・ファンド（以下、SVF）という10兆円規模の投資ファンド事業を立ち上げたのである。投資ファンド事業とは、出資者から資金を集めて、将来、企業価値が上昇しそうな企業の株式などを購入し、その価値が上がったら売却し、その取得原価と販売価額の差額である売却益（キャピタル・ゲイン）を利益の源泉とする金融ビジネスである。金融ビジネスを本業とする場合、保有する有価証券の評価益はまだ市場で売買されていなくても売買目的で保有していることになるため、その時価評価差額を損益計算書に計上しなくてはならない。

実は2019年３月決算の営業利益のうち約６割を占める１兆2,566億円は、この投資ファンド事業によるものであった。しかし、日経平均株価が刻一刻と変化することをみなさんもご存じの通り、株価は一定ではない。投資先のビジネスがうまくいかず、赤字続きであったり、景気が悪い場合には株価が下がる。SVFも例外ではなかった。投資先のウーバーテクノロジーズやウィーワークの業績が芳しくないうえに、2020年３月末は新型コロナウイルスの影響で株価が低下した。株価の下落は、有価証券の評価損をもたらし、2020年３月決算において、投資ファンド事業から１兆9,313億円の赤字が生じた。このように、モバイル事業は黒字でも、株価の変動で利益が大きく影響を受ける投資ファンド事業が原因でソフトバンクGの業績は不安定になっている。

6 おわりに

本章では、金融資産の種類とその保有目的を取り上げた。なかでも、有価証券は他社を支配する支配目的と余った資金をうまく運用するという財テク目的で保有されることをみてきたが、その保有目的によって期末の評価は異なる。特に、売買目的で保有する有価証券はまだ売却されていなくても期末に時価で評価され、その時価評価差額が利益または損失としてとして利益計算に含まれるため、業績への影響が大きいことを確認した。

実は、有価証券だけではなく、近年、時価の変動による損失を回避するヘッジ取引や、逆にその変動を積極的に利用して投機を目的とする新しい金融投資を行う企業も増えてきた。デリバティブとよばれる金融派生商品がそれである。このデリバティブのような複雑な金融取引の実態をとらえるうえでの解決の糸口とされたのが時価である。ただし、時価は万能というわけではない。不況時やバブル時に時価の信頼性が必ずしも維持されるとは限らないからである。また、すべての金融資産について、もれなく時価を参照できるわけではない。取引市場が存在しないため、金融資産によっては時価が参照できないものもある。このような時価評価の限界を認識しつつも、どのようにすれば企業の金融取引の実態を把握することができるかについて検討することも、興味深い研究テーマである。

？考えてみよう

1．時価評価のメリットとデメリットを考えてみよう。

2．企業が金融活動を行う際の問題点について考えてみよう。

3．本章で取り上げた金融資産以外に時価が適用されるケースを考えてみよう。

参考文献

桜井久勝『財務会計講義（第21版）』中央経済社、2020年。

次に読んで欲しい本

桜井久勝・須田一幸『財務会計・入門（第13版）』有斐閣、2020年。

桜井久勝（編著）『新訂版テキスト国際会計基準』白桃書房、2018年。

ドロン・ニッシム、ステファン・ペンマン（角ヶ谷典幸・赤城諭士訳）『公正価値会計のフレームワーク』中央経済社、2012年。

円谷昭一『政策保有株式の実証分析』日本経済新聞出版社、2020年。

第8章

負債と資本の会計

1　はじめに
2　自己資本と他人資本による資金調達
3　営業負債と有利子負債
4　純資産の内訳と配当
5　おわりに

1 はじめに

最も一般的な企業形態である株式会社を設立するには、まず株式を発行して資金を用達することが最初の出発点となる。このほか銀行などの借入金や社債の発行も資金調達方法として採用される。

これらの源泉のうち、実際にどの方法を用いて資金を調達するかは、企業ごとにさまざまである。任天堂のように「**無借金経営**」で業績を上げている企業がメディアで注目される。他方、1986年12月に日本国有鉄道の民営化から鉄道通信株式会社として設立され、2015年７月に社名を変更したソフトバンク株式会社（以下：ソフトバンク）は、多額の借入資金を基にボーダフォン株式会社やLINEモバイル株式会社などの子会社化やM&Aを繰り返しながら情報通信サービス会社としての大きな躍進を遂げている。

そこで、本章では会社の資金調達およびその後の経営活動の結果として生じる「**負債**」と「**資本**」について説明を行う。特に任天堂とソフトバンクの貸借対照表の違い、およびその差が生じた理由を考えることにする。

2 自己資本と他人資本による資金調達

資本金と借入金と社債

株式会社が資金を調達する主要な方法には、①株式の発行、②銀行からの借入金、および③社債の発行の３つがある。

株式会社を設立する最初の手順は、会社が株式を発行し、誰か買ってくれる人を探すことである。貯金をはたいて株式を購入してくれた人は「**株主**」となる。そして会社に払い込まれた資金は「**資本金**」として貸借対照表に計上される。このような株式による資金調達は、会社設立時のみならずその後追加資金が必要となった場合でも「増資」として行われる。

②の銀行借入で資金調達を行うと、貸借対照表の負債の１項目として「借入金」

が計上される。貸借対照表の日付からみて、その借入金の返済期限が１年以内に到来する部分は「流動負債」として、また返済期限が１年を超える部分は「固定負債」として区別される。

社債発行は、社債という期限付きの有価証券を発行して、これを買ってくれる人を募集し、資金を調達する方法である。社債を購入し保有する人を、とくに「社債権者」とよぶことがある。社債権者は、前もって決められた利率で定期的に利子を受け取るとともに、期日には元本の返済を受けることができる。②と③の方法で会社に資金を提供した銀行や社債権者を、あわせて「債権者」という。

株主と債権者の違い

株主と債権者は、ともに会社が必要とする資金を提供しているという点では同じであるが、その権利や義務の内容には、主として次の３つの相違点がある。

第１に、会社は解散をしない限り、株主に資金を返済する義務はない。しかし債権者に対しては、期日までに資金を返済する義務を負う。したがって会社は株主から資金を調達すれば、その資金を半永久的に社内で運用することができる。他方、債権者から調達した資金に関しては、会社は返済期日を考慮に入れて運用しなければならない。

第２に、会社の業績が良ければ株主は会社から配当金を受け取ることができるのに対し、債権者は会社の業績にかかわらず、前もって定められた利子率で計算された利息を受け取る権利を持っている。配当金は、会社の業績に応じて１株につきいくらという形で株主総会で定められるが、企業業績が悪化した場合には配当が行われないケースも起こりうる。会社は債権者に対して必ず利子を支払わなければならない。銀行借入の場合は借入時に作成された証書に、社債発行の場合は元本（会社に貸し付けた金額）に、それぞれの利子率が明確に記載されており、企業業績が悪化した場合でも契約どおり必ず支払う義務が生じる。

第３に、株主は会社の経営に参加する権利を持っているが、債権者にはその権利がない。株式会社の最高の意思決定機関は**株主総会**であり、会社は少なくとも年に１回、決算日から３か月以内に定時株主総会を開催することが会社法で要求されている。そこでは、会社の経営にたずさわる取締役の人選や、株主への配当金額の決定など、会社経営に関する重要な議案が提案され、株主はその議案に対して議決権を行使する権利を持っている。

個人や会社がある特定の会社の株主になろうとする大きな理由の１つは、そのような議決権の行使を通じて、その会社の経営に参画することである。しかし債権者には、株主総会に出席して議決権を行使する権利は与えられていない。

自己資本と他人資本

株主も債権者も、企業経営に必要とされる資金を提供しているという点では変わりはない。しかし債権者が提供した資金は、期日までに返済されて会社から出て行くのに対し、株主が提供した資金は半永久的に企業内で利用される。したがって株主が提供した資金は、企業と運命をともにする資本であることから「**自己資本**」とよばれることがある。これに対し、債権者からの資金はいずれ会社から出て行くので「**他人資本**」とよばれている。

表８－１は、貸借対照表で他人資本と自己資本がどのように示されるかを図示したものである。債権者から調達された他人資本はすべて、負債の部に示される。これに対し、株主からの調達資金は純資産の部に**株主資本**として記載される。株主資本には、株主の出資額である資本金と**資本剰余金**だけでなく、これまでに稼いだ利益の蓄積分として、**利益剰余金**も含まれる。

なお、純資産には株主資本のほかに「**評価・換算差額等**」という項目も記載される。これに含まれる代表的な項目として「その他有価証券評価差額金」がある。第７章で学習したように、上場会社どうしが互いに保有しあっている相手企業の株式は「持ち合い株式」とよばれ、決算日には時価評価することが求められている。たとえば過去に150万円で購入した株式の時価が当期末に180万円になっていれば、値上がり分（厳密には税金を控除した後の金額）が「その他有価証券評価差額金」

【表８－１　純資産と資本の構成】

資産（使用総資本）	負　債（他人資本）		→債権者から調達された資金
	純資産	株主資本 ・資本金 ・資本剰余金 ・利益剰余金	→企業にとっての元本（払込資本）を含む
		その他の要素 評価・換算差額等	

としてここに記載される。会社がその株式を売れば、売却益が株主の利益となるからである。そのような「評価・換算差額等」も自己資本として取り扱われる。

任天堂とソフトバンクの資金調達の比較

会社が資金を調達する方法と、会計上の位置づけを説明したので、それを参考にして次に、会社の資金調達方法の違いの背後に存在する経営手法の違いを考える。ここでは、組織として大きく躍進しているが資金調達方法が対照的な企業として、任天堂株式会社とソフトバンク株式会社の２社を比較する。

任天堂の無借金経営

任天堂は1889年（明治22年）創業の老舗企業であり、本社は京都市にある。地場産業である花札の製造からスタートし、1907年（明治40年）には日本初のトランプを製造し、1960年代までトランプの老舗として国内市場を独占し、安定した経営を続けてきた。

そして1962年（昭和37年）には、大阪証券取引所第二部ならびに京都証券取

【写真８－１　任天堂本社（京都市南区）】

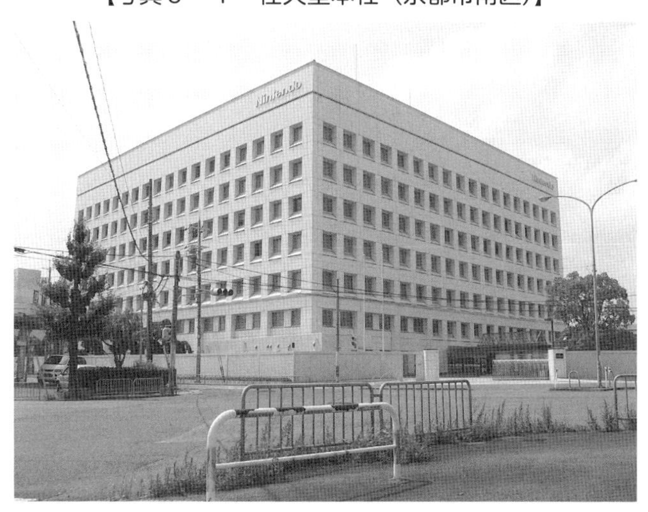

筆者撮影

引所に上場したが、トランプの需要が国内で一巡したことや、海外進出の失敗より業績が悪化したので、室内ゲーム部門の拡充と強化が図られた。さらに、1970年代の第一次石油ショックにより再び業績は低迷し、創業以来の危機を迎えた。

しかし、1977年（昭和52年）からエレクトロニクスを応用した玩具が成功し始める。そして、1980年（昭和55年）にシャープと製造契約を結び液晶技術を応用した「ゲーム＆ウォッチ」の爆発的な人気からコンピューター玩具商戦の独走態勢の基礎を築くこととなった。

任天堂の2019年３月期決算の百分率貸借対照表は次のとおりである。

表８－２が示すとおり、任天堂では流動資産が資産合計の79.5%もの割合を占めている。流動資産の中でも、現金および預金をはじめとした換金性の高い資産を多く保有しているのである。次に、純資産の部では資本金を含む株主資本の割合が、貸借対照表の右側合計額の78.8%と大きな割合を示している。上場企業の株主資本の割合の平均値が30%前後であることを考えると、この数値がいかに大きなものであるかが理解できる。

つまり、任天堂の百分率貸借対照表からは、返済義務のない株主資本の割合が高い上、自由に運用可能な流動資産の割合も極めて高く、安定性の高い企業であるということが理解できる。

次に、負債の部に記載された内訳科目をみてみよう。

表８－３から、流動負債および固定負債を含めて、任天堂には金利を生じるような有利子負債が全く存在しないことが分かる。任天堂が、「無借金経営」とよばれ

【表８－２　任天堂の百分率貸借対照表（2019年３月期決算）】

<table>
<tr><td colspan="2" rowspan="3">流動資産　79.50%</td><td>流動負債　19.09%</td></tr>
<tr><td>固定負債　0.59%</td></tr>
<tr><td rowspan="4">株主資本　78.84%</td></tr>
<tr><td rowspan="3">固定資産
20.50%</td><td>有形固定資産　4.91%</td></tr>
<tr><td>無形固定資産　0.53%</td></tr>
<tr><td>投資その他　15.06%</td></tr>
<tr><td></td><td></td><td>評価・換算差額　1.48%</td></tr>
</table>

【表８－３　任天堂の負債の部（2019年３月31日）】

区　　分	金　　額（百万円）
（負債の部）	
Ⅰ　流動負債	
1．支払手形及び買掛金	55,698
2．未払金	17,758
3．未払法人税等	58,807
4．前払金	19,747
5．賞与引当金	3,572
6．その他	71,540
流動負債合計	227,124
Ⅱ　固定負債	
1．退職給付引当金	6,107
2．その他	930
固定負債合計	7,037
負債合計	234,162

る理由はこのためである。

任天堂がこのような財務体質を持つに至った理由として、過去２回の業績低迷期を脱した頃より、任天堂では経営戦略の一環として、借入金を全額返済して活動資金を社内留保資金で賄う企業体質へ転換していったことが挙げられる。

ソフトバンクのケース

次に、任天堂とは全く対照的な資金調達方法にもかかわらず飛躍を遂げているソフトバンクのケースを取り上げる。

ソフトバンクは1986年12月に電話サービス、通信サービスの提供を目的として設立された。当時は鉄道通信株式会社という名称で、日本国有鉄道の民営化に伴い基幹通信網を承継する形での事業を開始した。

その後、携帯、自動車電話通信事業への進出を果たし、1996年９月には東京証券取引所一部へ上場し、幾度かの企業名称変更を経て2017年７月に会社名をソフトバンクとしているが、その間ボーダフォン株式会社の吸収合併やLINEモバイル株式会社の子会社化など複数の会社に対してのM&Aを行う形で拡大戦略を行って

【写真8－2　ソフトバンクのロゴマーク】

提供：ソフトバンク株式会社

【表8－4①　ソフトバンクの百分率貸借対照表（2019年3月期決算）】

流動資産		29.96%	流動負債	34.93%
固定資産 70.14%	有形固定資産	32.35%		
	無形固定資産	21.59%	固定負債	44.84%
	投資その他	16.10%	株主資本	21.31%
			評価・換算差額	▲1.15%
			その他	0.07%

【表8－4②　ソフトバンクの百分率貸借対照表（固定性配列法での表示）（2019年3月期決算）】

固定資産 70.14%	有形固定資産	32.35%	固定負債	44.84%
	無形固定資産	21.59%		
	投資その他	16.10%	流動負債	34.93%
流動資産		29.96%	株主資本	21.31%
			評価・換算差額	▲1.15%
			その他	0.07%

【表８－５　ソフトバンクの負債の部（2019年３月31日）】

区　　分	金　　額（百万円）
（負債の部）	
Ⅰ　固定負債	
1.　長期借入金	1,336,526
2.　リース債務	663,838
3.　退職給付引当金	11,044
4.　資産除去債務	51,949
5.　その他の固定負債	18,522
固定負債合計	2,081,879
Ⅱ　流動負債	
1.　１年以内に期限到来の固定負債	137,412
2.　買掛金	89,228
3.　短期借入金	87,600
4.　リース債務	402,690
5.　未払金	695,484
6.　未払費用	13,180
7.　未払法人税等	82,404
8.　前受金	6,216
9.　預り金	54,675
10.　前受収益	13,975
11.　賞与引当金	29,903
12.　受注損失引当金	－
13.　資産除去債務	7,826
14.　その他の流動負債	1,002
流動負債合計	1,621,595
負債合計	3,703,474

いる。2019年３月期の百分率貸借対照表は次のとおりである（ソフトバンクは固定性配列法を用いているために、任天堂とは貸借対照表の形式が異なっている）。

表８－４①からソフトバンクの負債は貸借対照表の右側合計額の79.77％を占めることが理解できる。そこで、次にソフトバンクの負債の部に記載された流動負債と固定負債の内訳項目をみてみよう。

表８－５をみると、網掛けで示したように多額の有利子負債が掲載されているこ

とが分かる。特に長期借入金については、固定負債のほぼ64.1%を占めている。これは、ソフトバンクが事業活動を行うに当たり株式発行ではなく借入で資金をまかなっていることを意味する。

ソフトバンクは、なぜ事業資金を増資ではなく借入を中心にしているのだろうか。この会社の2019年３月期決算での大株主の状況を確認するとソフトバンクグループジャパン株式会社が発行済み株式総数のほぼ65%を所有しているが、この会社の代表取締役は孫正義氏である。ソフトバンクは事実上孫氏のオーナー企業であるために、株式発行による資金調達を行えば、新しい株主が増える分だけ、オーナーの株式保有比率が低下することとなる。

また、これとは別に、銀行から借り入れた資金を事業に活用して得られる利益率が、借入金の利子率を上回るのであれば、利子率を超える利益部分は会社やオーナーの利益となる。このような理由により、株式発行ではなく銀行借入での資金調達が選ばれたのだと思われる。

3 営業負債と有利子負債

貸借対照表の負債の部には、有利子負債のほかにも多くの項目が記載されている。営業の過程で負担することになった各種の負債がそれである。たとえば任天堂でも、流動負債として支払手形や買掛金が記載されているのを確認することができる。

買掛金や支払手形は、任天堂のようなメーカーが原材料を購入したり販売用商品を仕入れる場合に発生する営業上の負債である。最も原始的な購入方法は、原材料や商品と引き換えに現金を支払う現金取引であるが、現在の企業では仕入れ代金を月末などにまとめて支払う掛買いが一般的であり、その場合の代金未払分が買掛金として流動資産の部に計上される。

ただし、原材料や商品を販売する側にとり、代金が回収できるか否かは重要な問題であるので、支払期限や振込先が確定していることが望ましい。その場合、原材料や商品を受け取った側が支払先に手形証書を振り出すといった手法が採用される。この場合、手形を振り出した側の貸借対照表には支払手形という項目が記載される。買掛金および支払手形は企業が本業とする営業上の負債であり、比較的短期間に換金されることから流動負債の項目に計上される。

他方、固定負債には長期未払金が計上されている。未払金は建物や設備等を購入

Column 8 - 1

引 当 金

負債に計上される項目の共通点は、計上した金額分の資産を第三者に引き渡さなければならない点である。負債の多くは法律上の債務であり、その支払いについては、①期日（いつ）、②誰に（相手方）、③いくら（金額）支払わなければならないかが、すでに確定している項目が多い。

借入金、買掛金、支払手形、社債はこの三点が確定した法律上の債務として負債に含まれるが、三点のいずれかが未確定でも負債として計上される項目が存在する。ここで説明する引当金がそれである。

引当金とは、①将来の特定の費用または損失に関するものであり、②その費用や損失の発生が当期またはそれ以前の事象に起因しており、③費用や損失の発生の可能性が高く、④その金額を合理的に見積ることができるという４つの要件を満たした場合、計上しなければならない項目である。

そのような引当金の典型例としては、従業員の退職に際して企業が負担する退職金の支払い義務に関して設定される「退職給付引当金」を挙げることができる。この引当金は、①将来における退職金支払いに伴う企業の資産減少に関するのであり、②各従業員が過去から当期まで勤続してきたことに起因して支払われるものであり、③一般に雇用契約や労働契約で確約されていて避けることができないもので、④企業が内規として定めている退職金支給規程に準拠して、将来の支給額を合理的に見積ることができる。したがって退職給付引当金は、引当金に関する前述の４つの要件を満たすと判断される。

した場合の代金の未払分を示す項目であるから、買掛金との大きな違いは、本業である売買取引から発生した項目であるか否かである。たとえば、任天堂の業務はゲーム機の製造と販売が主目的であり、建物や設備購入は間接的に営業には関係するが、主目的の業務ではない。

未払金は、本来の営業項目とは異なるため代金の支払が１年以内に行われるか否かにより流動負債と固定負債のどちらに計上されるか決定される。

4 純資産の内訳と配当

負債が債権者に返済される資金を表すのに対し、株主に帰属する資金は「**純資産の部**」に含めて記載される。貸借対照表の純資産の部には多くの内訳項目が示されるので、次にその内容について学習しよう。

表8－6のとおり、貸借対照表の純資産は出資者である株主に帰属する株主資本と、その他の要素から構成される。その他の要素のうち最も一般的なのは「評価・換算差額等」であり、「その他有価証券評価差額金」がここに含まれることは、すでに説明したとおりである。

株主資本については、さらに細かい区分が行われる。これは第２章で説明したように、債権者保護のための配当の制限が貸借対照表に基づいて行われるからである。すなわち株主資本の中には、株主への配当金として分配できる部分と、分配が禁止されている部分が存在するのである。これを知るためには、株主資本の内訳区分を理解しなければならない。

株主が会社に払い込んだ資金は、すべて資本金とするのが原則であるが、会社法は払込額の半分までは資本金とせず、株式払込剰余金として資本準備金に含めることを認めている。このほか資本剰余金には、「その他資本剰余金」が記載される場合がある。たとえば過去に会社が発行した自己株式を50万円で買い戻したのち、

【表８－６　純資産の源泉別分類】

<table>
<tr><td rowspan="5">株主資本</td><td colspan="2">資本金</td><td rowspan="3">払込資本</td></tr>
<tr><td rowspan="2">資本剰余金</td><td>資本準備金（株式払込剰余金など）</td></tr>
<tr><td>その他資本剰余金（自己株式処分差益など）</td></tr>
<tr><td rowspan="2">利益剰余金</td><td>利益準備金</td><td rowspan="2">留保利益</td></tr>
<tr><td>その他利益剰余金</td></tr>
<tr><td>その他</td><td colspan="2">評価・換算差額等（その他有価証券評価差額金など）</td><td></td></tr>
</table>

Column 8 - 2

自社株買いとROE（自己資本利益率）

企業が設立および増資に伴い株式を発行した場合、いったん調達した資金は返済しないことが原則である。しかし過去に発行した自社の株式を買い戻して保有するケースもある。この場合その株式を自己株式（金庫株）とよぶ。

日本では過去には自己株式の取得と保有は禁止された時代があった。自己資本の調達のために発行したものを買い戻すと、自己資本が減少して債権者の権利を害するというのが主たる理由であった。また会社自らが他人の知らない未公開の情報を利用して自社の株式を売買すると、会社と取引した一般の投資家に被害が生じる可能性が高いことも禁止の理由であった。しかし2001年10月以降は、株主総会の決議を経て分配可能額の範囲内で行うのであれば目的や数量を問わず取得保有が認められるようになった。

自己株式の取得は会社の資金を流出させる点で、配当と同じ効果を持つ。よって、今では配当額と自己株式の取得額合計が、**表８－６**で示した分配可能額の限度内でなければならないとして、債権者の保護が図られている。また会社自身が未公開の情報を悪用して自己株式を売買し、不当な利益をあげる行為は金融商品取引法によって禁止されている。

自社株式の買い戻しは発行済み株式数を減少させる効果を持つために、１株当たりの純資産額が増加し、場合によっては配当の増加につながることもある。近年の株主総会では株主に帰属する純利益を上げて欲しいという視点からROE（自己資本利益率）（当期純利益÷株主資本）向上を提案としてあげる投資家も増加している。その場合、自己株式の取得はROEの向上とも結びつくために、配当と並んで株主に利益を還元させる１つの手段としても考えられるようになっているのである。

70万円で再び売りに出せば20万円の差額が生じるが、この差額は「自己株式処分差益」として「その他資本剰余金」に分類される。

他方、会社が獲得した利益の一部は、配当金として株主に配分され、残額は企業内に蓄積される。これが利益剰余金であり、利益剰余金は「利益準備金」（会社が配当を行うつど会社法に従って所定額を社内に蓄積した額）と、それ以外の「その他利益剰余金」に区分される。損益計算書で算定された当期純利益は、貸借対照表の資本に組み込まれるが、会社の場合は具体的には「その他利益剰余金」に組み込まれるのである。

株主への配当金は、「その他利益剰余金」を財源として実施されるのが最も一般的であるが、会社法の上では「その他資本剰余金」も配当として分配することが認められている。表8－6では、このようにして分配可能な部分が網掛けで示されている。

外資系ファンドからの増配要求

企業が株主に対して行う**配当**は株主総会で決議される。しかしその金額や回数については企業側の提案がそのまま採用され、これまで株主は意見を述べないケースが日本企業の株主総会の特徴とされてきた。

しかし近年、金融機関や取引関係のある他の上場会社との株式持ち合いが減少する一方で、日本企業の株式に占める外国人持ち株比率が上昇している。そのような流れの中で、例えば2007年（平成19年）には外資系投資ファンド会社である米ブランデス・インベストメント・パートナーズ（以下、ブランデス）による小野薬品工業（以下、小野薬品）に対する**増配要求**などの事例が起こった。ブランデス側は小野薬品側の提示である、年間70円の配当に対し、小野薬品の保有する金融資産が総資産の73%を占めることを理由に、年間700円の配当を行うよう要求を行った。

2007年度の株主総会ではブランデス側の要求は否決されたものの、小野薬品側が配当を100円に引き上げるとともに、今後3年間の自己株式の購入と、総還元性向（配当金＋自社株買い／純利益）を100%にするという対案を引き出した。

近年は、直接的な株主総会への提案が他の株主からの反発を受けることもあり、増配要求などの代わりに経営改革を求めるレター送付などの非公式の接触などが主流となっている。例えば2014年2月に香港を拠点とするヘッジファンドのオアシス・マネジメントが任天堂に対して、アップルのスマートフォンやアンドロイド端末に対応するスマホゲームの開発を要求する書簡を起こったことは代表的な事例の1つである。このように、「物言うアクティビスト」として外資系ファンドが日本企業の経営方針に提案を行うといった変化は着実に起こっている。

5 おわりに

本章では、企業の資金調達方法の違いがどのような形で貸借対照表に写し取られていくのかを確認した。そして、実際の百分率貸借対照表から任天堂とソフトバンクの資金調達方法の違いと、なぜそのような方法をとるに至ったのかについての理由を説明した。さらに、貸借対照表の負債の部と純資産の部の内訳と、近年の株主総会の変遷は外資系ファンドの増配要求などの直接要求から経営改革の提案などの形に移り変わっていることも説明した。

?考えてみよう

1．任天堂以外にも「無借金経営」企業は複数存在する。銀行借入による資金調達が主流であった日本で無借金経営を行う企業の特徴を考えてみよう。

2．純資産の部には株主資本以外の項目が記載されている。そのうち特に、「評価・換算差額等」が純資産として記載される理由を考えてみよう。

3．配当を抑制しがちな日本企業の経営者と、増配要求、あるいは経営改革を提唱する外資系ファンドの立場から、それぞれの論拠を考えてみよう。

参考文献

桜井久勝『財務会計講義（第21版）』中央経済社、2020年。
伊藤邦雄『新・現代会計入門（第４版）』日本経済新聞出版社、2020年。
池田幸典『持分の会計』中央経済社、2016年。
名越洋子『負債と資本の会計学』中央経済社、2018年。

次に読んで欲しい本

J. St. G. カー著（徳賀芳弘訳）『負債の定義と認識』九州大学出版会、1999年。
石川鉄郎、北村敬子著『資本会計の課題』中央経済社、2008年。

第9章

損益計算書

1　はじめに
2　損益計算書の仕組み
3　利益算出の流れ
4　損益計算書から見えてくる企業の経営形態
5　おわりに

1 はじめに

貸借対照表は決算時点での企業の財政状態が健全であるかどうかが分かるものであることを前章で学んだ。貸借対照表は一般的になじみがないから少しとっつきにくかったかもしれない。

損益計算書は、企業がその会計期間（たとえば1年間）に、どのような費用をどのくらいかけていくらの売上高を達成し、その結果どれだけ利益を獲得したかの経過を示す表である。このために企業の経営成績をよりいっそう適切に表示することができる。

前期に比べて当期の利益が増加したとき、その企業が提供する製品・商品やサービスが、顧客に適正な価格で売られ利益をあげたことによる場合があるだろう。また生産や販売面でのコスト削減努力の結果による場合もあれば、遊休不動産の臨時的な売却による場合もあるだろう。損益計算書を詳しく見ることによって、それらの企業が獲得した利益の金額だけでなくその原因まで把握することができる。

それでは企業の損益計算書はどのようにして作られているのかを実際に順を追って学習してみよう。

2 損益計算書の仕組み

損益計算書は、企業の経営成績を正確に伝達できるように作成されなければならない。そのため、その会計期間（たとえば1年間）の費用と収益を対照に表示し、差額として利益が算定される仕組みになっている。

図9－1は、企業の経済活動の分類と関連づけて、収益や費用を区分したものである。

企業の経済活動は、主な営業活動とそれに伴う金融活動とに大きく分けることができる。営業活動には、仕入・生産、販売・代金の回収、および経営管理がある。また金融活動には、銀行からの資金の借入れ、社債の発行、それらに対する利子の支払い、余剰資金の貸付け、証券投資、それらからの利子・配当の受取りなどがある。このほか企業は、臨時に土地を売却したり、自然災害などの影響を受けたりも

【図９－１　企業の経済活動と収益・費用の分類】

経済活動			費用	収益
主な営業活動	仕入・生産活動	→	売上原価	売上高
	販売・回収活動	→	販売費及び一般管理費	
	経営管理活動			
金融活動		→	営業外費用	営業外収益
その他の経済活動および事象		→	特別損失	特別利益

するので、それらはその他の経済活動および事象として区分している。

利益が企業の行うどの経済活動から生み出されたものであるかを表示するためには、収益と費用を経済活動と関連づけて分類する必要がある。

収益には、売上高、営業外収益、特別利益がある。売上高は、その会計期間（たとえば１年間）の製品・商品の販売高やサービスの提供高の総額（主な営業活動の成果）であり、収益の中でも最も重要なものである。次に、営業活動に伴うその会計期間内の金融活動から生じた受取利息や受取配当金などは、主な営業活動以外からの収益という意味で、営業外収益となる。また特別利益は土地や株式の売却益が臨時的・偶発的に発生したなど、その他の経済活動および事象による利益である。

費用には、売上原価、販売費及び一般管理費、営業外費用、特別損失がある。売上原価は、その会計期間に販売した製品・商品や提供したサービスについて、その仕入・生産活動に要した原価をいう。たとえば、製造業では製品を作るのに要した原材料や工場の従業員の人件費、水道光熱費などの費用、卸売や小売業では商品の仕入代金などである。レストランなどのサービス業であれば料理提供のための材料や飲み物などの仕入代金、シェフや料理人の人件費、厨房で発生する水道光熱費などである。

販売費及び一般管理費は、ひとくくりにして営業費ともいわれる。販売・回収活動と経営管理活動に関連して生じたすべての費用をいう。たとえば、製品・商品の販売やサービスの提供に要した販売手数料、荷造費、運搬費、人件費、広告宣伝費などは販売費として計上され、本社活動などに要した管理費・人件費などは一般管理費として計上される。売上原価が主な営業活動をするのに直接かかった費用であるのに対し、販売費及び一般管理費は間接的にかかった経費といえる。製造業の場合、同じ人件費でも、工場で製造に従事している従業員の場合は売上原価になり、

Column 9 － 1

対応原則

経済活動を通じて収益を得るためには、それを得るための費用がかかっている。この収益のためにこの費用がかかったということを明確にすることによって、各会計期間の経営成績をよりいっそう適切に測定することができる。このような利益計算の基礎にある考え方を対応原則という。対応原則は所定のコストを負担して最大の成果をあげるという企業の経済活動の本質から派生している。たとえば販売活動というのは、保有資産の減少を招くことを意味し、かつ販売費を要するというマイナスの結果を引き起こす。同時に、一方では売上高の達成というプラスの結果をもたらす。このマイナス結果とプラス結果は、上述のような企業の営利目的から生じたものであり、両者の間には明らかに関連性がある。そこで会計では、経済活動が引き起こすプラスの結果を収益として把握し、マイナスの結果を費用として認識することにより、両者を対応づけて利益を算定し、企業の営利目的の達成度合いを測定している。

収益と費用の対応関係を認識する方式には、**個別的対応**と**期間的対応**がある。たとえば売上高が５万円であったＡという製品があり、その売上原価が１万円であるとする。５万円と１万円の間には、Ａという製品を基準とした対応関係がある。これを個別的対応という。個別的対応は最も厳密な対応づけの方式であるといわれている。次に、営業パーソンに支払う給料（販売費及び一般管理費に含まれる）を考えてみよう。営業パーソンはＡやＡ以外の複数の製品の販売活動をしているため、会社は営業パーソンに支払った給料のうちのいくらの部分がＡという製品の売上高５万円に結びついたのかを把握することは困難である。そこで同じ期間の売上高と営業パーソンに支払った給料は、その期間を基準として対応していると考える。これを期間的対応という。

本社や各地の営業所でかかった費用は人件費も含め販売費及び一般管理費に分類される。

営業外費用は、その会社の借入金や社債の支払利息、株式の交付費、社債の発行費、手形割引における手形売却損など、その会計期間内の金融活動から生じた費用である。

また上記以外のその他の経済活動および事象から生じたものは、特別損失として分類される。土地・株式の売却、災害などで臨時的・偶発的に発生した損失などがそれにあたる。

3 利益算出の流れ

損益計算書は次のような３つの区分から成り立ち、収益と費用は段階的に計算され利益が算出される仕組みになっている。

営業損益計算の区分……売上高、売上原価、売上総利益、販売費及び一般管理費、営業利益
経常損益計算の区分……営業外収益、営業外費用、経常利益
純損益計算の区分……特別利益、特別損失、税引前当期純利益、法人税、住民税及び事業税、法人税等調整額、当期純利益

利益がどのように算出されるかの流れを**表９－１**の江崎グリコ株式会社2019年３月期（2018年４月１日から2019年３月31日まで）の損益計算書の数値の実例をみながら、追っていくことにしよう。この表９－１中では、2019年３月期を当期といい、１年前の2018年３月期を前期という。

売上高が最初に記載されていて、順を追って数々の費用や収益を加減して最後にその会計期間の利益が算出される。

まず営業損益計算の区分から始めよう。なお数式に用いている数値はすべて百万円未満が切り捨てられ、単位はすべて百万円である。したがって計算結果に若干の誤差がでている。

売上高から売上原価を引くと**売上総利益**が算出される。つまり粗利益（あらりえき）といわれているものである。

売上高　－　売上原価　＝　売上総利益

260,242　－　135,419　＝　124,823

売上総利益から販売費及び一般管理費を差し引いた結果生まれた利益は**営業利益**という。この営業利益は主な営業活動からの利益といわれ重要視されている。

売上総利益　－　販売費及び一般管理費　＝　営業利益

124,823　－　112,960　＝　11,863

【表9－1　損益計算書の実例－江崎グリコ株式会社】

（単位：百万円）

区分		前　　期 自2017年4月1日 至2018年3月31日	当　　期 自2018年4月1日 至2019年3月31日
営業損益計算の区分	Ⅰ　売上高	266,758	260,242
	Ⅱ　売上原価	139,815	135,419
	売上総利益	126,943	124,823
	Ⅲ　販売費及び一般管理費	113,145	112,960
	営業利益	13,798	11,863
経常損益計算の区分	Ⅳ　営業外収益	5,712	5,848
	Ⅴ　営業外費用	2,196	1,151
	経常利益	17,314	16,560
純損益計算の区分	Ⅵ　特別利益	1,004	1,632
	Ⅶ　特別損失	157	660
	税引前当期純利益	18,160	17,532
	法人税、住民税及び事業税	4,747	3,860
	法人税等調整額	48	634
	当期純利益	13,365	13,036

（この損益計算書に示されている数値は100万円未満が切り捨てられている）

江崎グリコのこの期の営業利益は黒字である。

この営業損益計算の区分には、企業の主な営業活動からの利益がどのように生み出されているのかが示されている。

次に経常損益計算の区分を見よう。

営業利益に、受取利息などの営業外収益を加えて、支払利息などの営業外費用を引いたものが**経常利益**である。

営業利益　＋　営業外収益　－　営業外費用　＝　経常利益

11,863　＋　5,848　－　1,151　＝　16,560

経常利益が大きくなっているのは、主な営業活動以外からの収益、たとえば受取利息や受取配当金などの営業外収益が大きいからであることが分かる。

この経常利益は、主な営業活動からの利益に、金融活動をして得た成果を合わせた利益である。企業の当期の業績の良否を判断するための重要な尺度である。

営業損益計算と経常損益計算の区分に記載される項目は、企業の正常な経済活動から規則的に繰り返して発生するものばかりであり、かつすべて当期に帰属する金額ばかりである。ゆえにこの経常損益計算の区分と営業損益計算の区分には、当期の業績の良否を判断するとともに、将来の利益を予測するための尺度が示されているといえる。

さらに純損益計算の区分を見よう。

経常利益に、特別利益と特別損失を加減して税引前当期純利益を算出する。特別利益と特別損失は毎回発生するわけではなく、特別なときに、たとえば土地や株式の売却などで臨時的・偶発的に発生した利益や損失がこれに該当する。

経常利益 ＋ 特別利益 － 特別損失 ＝ 税引前当期純利益

16,560 ＋ 1,632 － 660 ＝ 17,532

税引前当期純利益から法人税、住民税及び事業税を引き、税効果会計（Column 9－2を参照）の適用により計上される法人税等調整額が加減され、**当期純利益**が算出される。この当期純利益は、企業が当期の企業活動の結果獲得した最終的な利益を表している。

税引前当期純利益 － 法人税、住民税及び事業税 ± 法人税等調整額 ＝ 当期純利益

17,532 － 3,860 － 634 ＝ 13,036

この結果を見ると、当期純利益は黒字であり、前期と比べるとその金額はあまり変わっていない。このように黒字になった当期純利益は、株主への配当や剰余金として社内留保されたりする。

売上高は前期と比較して大きく減少しているのに、営業利益がそれほど減らずに済んだ原因はどこにあるのだろうか。これを営業損益計算の区分の中の項目を順を追って探ってみることにしよう。

売上高を100％としたときの売上原価、売上総利益、販売費及び一般管理費、営業利益の各項目の構成割合を調べ前期と比較する。

① 売上高に占める売上原価の割合

（売上原価÷売上高）× 100

前期（139,815÷266,758）× 100 ＝ 52％

当期（135,419÷260,242）× 100 ＝ 52％

Column 9 - 2

税金費用

企業は会計期間（たとえば１年間）に得た利益から法人税、住民税、および事業税を支払わなければならない。**法人税**は国に納める税金である。課税所得額に所定の税率を乗じて算定する。**住民税**は都道府県と市町村に納付する税金である。資本金の額等に応じて定められた一定の均等割の金額と、法人税額に一定率を乗じた法人税割の金額を合計して算定する。**事業税**は課税所得額に一定率を乗じて算定する。この税金は、企業が事業活動を営むのに必要な治安や環境整備等の公共サービスに対する負担分としての意味をもっている。なお**課税所得**額は、損益計算書の当期純利益を基礎とし、これに税法特有の調整項目を加算・減算して算定されるものである。

これらの税金について、企業は決算日から２ヶ月以内に課税所得と税額の計算を記載した確定申告書を税務当局宛に提出し、かつ税額を納付しなければならない（申告のみ３ヶ月まで延期可能)。ただし事業年度が１年の企業は、このような確定申告をする前に、半年を経過したところで中間申告をする必要がある。中間申告には、(a)前年度の税額の半分を納付する方法と、(b)経過した半年間について仮決算を行い、その結果に基づいて算定した税額を納付する方法があり、企業はどちらか有利な方を選択できる。

表９－１の損益計算書に示されている「法人税、住民税及び事業税」は、１年分の税額を確定申告した時点で費用として計上されている。**税効果会計**というのは、このような費用は本来、課税の対象となる取引や事象が発生した期間に計上しなければならないと考えて、企業の将来の納税義務額を期間配分するための手続きのことである。表９－１の損益計算書に示されている「**法人税等調整額**」は、税効果会計を適用して追加計上されている。

② 売上高に占める売上総利益の割合

（売上総利益÷売上高）× 100

前期（126,943÷266,758）× 100 ＝ 48%

当期（124,823÷260,242）× 100 ＝ 48%

③ 売上高に占める販売費及び一般管理費の割合

（販売費及び一般管理費÷売上高）× 100

前期（113,145÷266,758）×100 ＝ 42%

当期（112,960÷260,242）×100 ＝ 43%

④　売上高に占める営業利益の割合

（営業利益÷売上高）×100

前期（13,798÷266,758）×100 ＝ 5%

当期（11,863÷260,742）×100 ＝ 5%

売上原価の割合が前期と比較して同じになった結果、売上総利益の割合は下がっていない。販売費及び一般管理費の割合もほぼ同じになった結果、営業利益の割合も下がっていない。つまり売上高は大きく減少したけれども、営業利益がそれほど減らずに済んだ原因は、製品を作るのに要した原材料や工場の従業員の人件費、水道光熱費などの費用が減り、かつ製品の販売に要した販売手数料、荷造費、運搬費、人件費、広告宣伝費、本社活動などに要した管理費・人件費なども減っていることにある。

このように売上高を100%としたときの各項目の構成割合を調べて、過去の数値と比較したり同業他社の数値と比較ができる。比較することによって、どの会社の調子がいいのか、どうしていいのか悪いのかも浮き彫りにすることができる。

【写真９－１　ポッキー】

写真提供：江崎グリコ株式会社

4　損益計算書から見えてくる企業の経営形態

損益計算書の数値から、企業の営業特性や、製造業、卸売業、サービス業というような業種による経営形態の特徴も知ることができる。

図９－２は、わが国の医薬品メーカー43社と卸売業140社について、2018年４月から2019年３月期までの損益計算書の金額を業種別に合計し、売上高を100%とした場合の各項目の構成割合を図示したものである。２つの業種間には、医薬品メーカーは、開発、製造、販売までを手がける製造業であるのに対して、卸売業は、他社が製造して販売したものを購入し、それを用いて商売を行っているという違いがある。

この両図を比較してみると、次のような業種の特徴が明らかになる。

①　**売上高に対する売上原価の割合**

売上高に対する売上原価の割合は、医薬品メーカーでは40%であるのに対し、卸売業は93%である。この数値は、医薬品メーカーは卸売業に比べて製品に対す

【図９－２　医薬品メーカーと卸売業の比較】

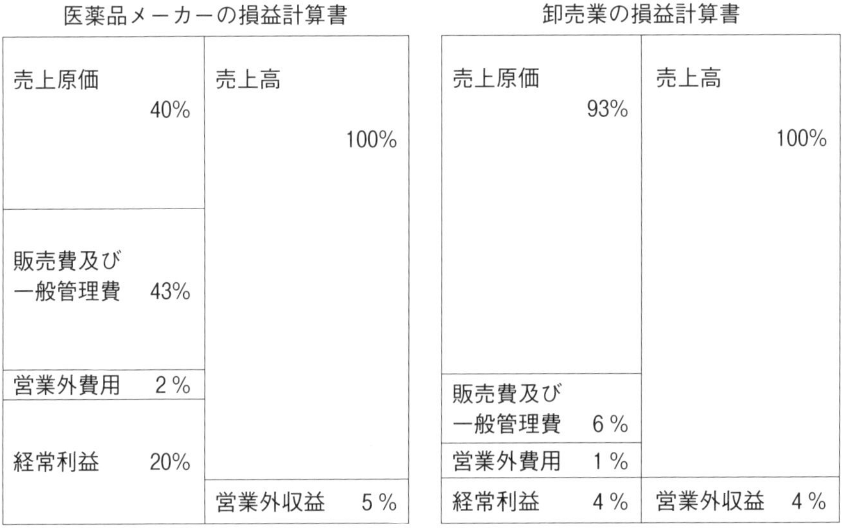

医薬品メーカーの損益計算書

売上原価　40%	売上高　100%
販売費及び一般管理費　43%	
営業外費用　２%	
経常利益　20%	営業外収益　５%

卸売業の損益計算書

売上原価　93%	売上高　100%
販売費及び一般管理費　６%	
営業外費用　１%	
経常利益　４%	営業外収益　４%

（出所）　日本経済新聞社『NEEDS財務データDVD版』から入手した東証１・２部上場企業の損益計算書に基づき筆者作成。

る売上原価が少なく、売上高から売上原価を差し引いて計算される売上総利益の割合が高いことが分かる。医薬品メーカーの売上総利益が高いのは、付加価値の高い製品を製造し販売していることによると考えられる。

②　売上高に対する販売費及び一般管理費の割合

医薬品メーカーの販売費及び一般管理費の割合は43%と著しく大きいが、卸売業では6%と小さい。その理由は、医薬品メーカーが、付加価値の高い製品を製造するために研究開発費を要すること、また広告宣伝費などのかたちで販売費用を投入していることによると考えられる。

③　売上高に対する経常利益の割合

経常利益は営業利益に営業外収益と営業外費用を加減して算出されている。売上高に対する経常利益の割合は、医薬品メーカーでは20%に対して、卸売業では４%である。この結果からは、医薬品メーカーは高利益率型企業として、卸売業は薄利多売型企業としての特徴がうかがえる。

5　おわりに

この章では、損益計算書に示される各種利益の特質や算定の仕方を学んだ。利益がいくら獲得できているのかを見るだけでなく、利益がどのようにして生まれたのかが理解できれば、利益が多いのは何が要因であったのか、何が問題で利益が少なかったのかが分かる。また損益計算書の数値から、企業の営業特性や、製造業、卸売業、サービス業というような業種による経営形態の特徴も知ることができることも分かった。

損益計算書で最後に算出されるのは当期純利益である。しかし2011年３月期から、企業グループ全体を１つの組織として把握する連結損益計算書では「包括利益」とよばれる利益が算出されている。この包括利益は、会計期間（たとえば１年間）内に貸借対照表上の純資産がどれぐらい変化したかということを表す利益（株主への配当等の株主との直接取引は含めない）である。企業個々の業績ではなく、企業グループ全体の業績を検討する必要が生じた時には、企業個々の損益計算書ではなく、企業グループ全体の連結損益計算書において包括利益まで検討しなければならない。

新聞や経済雑誌の企業の業績の記事は、そのほとんどが売上高や営業利益などの基本的な項目を中心に構成されている。今後、学んだことを単なる知識だけにとどめないで、実際に新聞や経済雑誌を読んで、自分で企業の業績について考察してみよう。一歩進んで、就職するときの企業選びの評価や、株式を買ってみようと思ったときにもぜひ活用されることをすすめる。

？考えてみよう

1．損益計算書の目的と役割を考えてみよう。

2．売上総利益、営業利益、経常利益、税引前当期純利益、および当期純利益の算定方法を示し、それぞれの利益の特徴を考えてみよう。

3．本章で学んだ方法を用いて、同業種の企業間の損益計算書を利用して売上高に占める各種の利益の割合を比較し、違い、その原因、企業の特徴を考えてみよう。

参考文献

神戸大学会計学研究室（編）『会計学基礎論（第６版）』同文舘出版、2019年。
桜井久勝『財務会計講義（第21版）』中央経済社、2020年。

次に読んで欲しい本

桜井久勝・須田一幸『財務会計・入門（第13版）』有斐閣、2020年。
桜井久勝『財務会計講義（第21版）』中央経済社、2020年。

第10章

営業活動の会計

1　はじめに
2　企業の営業活動と営業循環
3　売上代金の回収と収益の認識
4　代金回収の不確実性
5　おわりに

1 はじめに

携帯電話の販売店では、端末の値段が実質０円となるような契約も珍しくない。儲(もう)け（利益）を出すのが企業の目的であるのに、商品の値段がタダ同然であるとはどういうことなのだろうか。

携帯電話各社が赤字を出し続けているかといえばそうではなく、たとえばNTTドコモは安定して利益をあげている。ではNTTドコモはどのようにして利益を出しているのであろうか？　どれだけ売上を得ていて、そのためにどれぐらいのコストを使用したかという企業の収益構造は、損益計算書を確認すれば分かる。営業活動は企業が行う中心的な活動であり、それゆえ企業が手にする収益のなかでも営業活動からのものは当該企業の基本的な収益獲得能力を表すものといえる。

この章では、企業の営業活動が、財務諸表上どのように表示されているのかについて、営業活動の進め方を確認したうえで、収益の計上方法や売上代金の受取形態を中心に学習する。

2 企業の営業活動と営業循環

営業循環とは

企業はどのように営業活動を行っているのだろうか。どのような企業でもまず事業をはじめるにあたって必要な資金の調達を行う。ひとたび資金を得たならば、企業はその資金を用いて今後必要となる原材料、機械設備などを購入して営業活動を開始する。たとえば自動車の製造・販売を行う場合ならば、自動車製造に必要となる鉄鋼、ゴムといった材料を仕入れ、部品を加工するための機械の購入、組み立て作業のための工場の建設などを行うだろう。続いてそれらを用いて自動車を製造し、販売店などを通して販売および代金の回収を行う。そして回収された代金をもとに、再び仕入活動を行ったり生産設備の増強などを図り、生産活動へと進む。このように企業は一連のステップを繰り返すことによって営業活動を行っており、一連の流れは**営業循環**とよばれ、**図10－1**のように４つのステップによって示される。

【図10－1　営業活動の全体像】

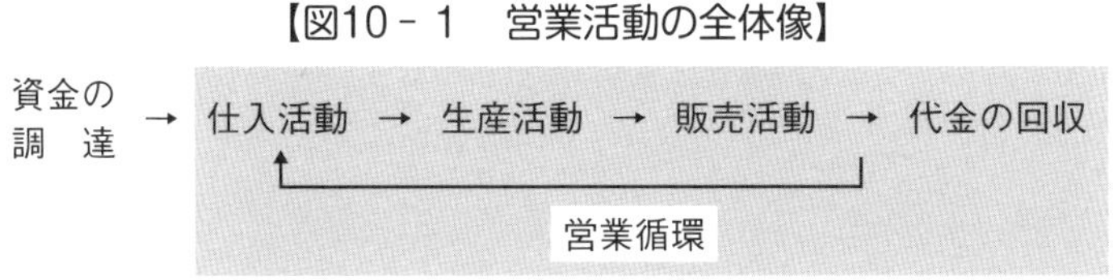

トヨタの損益計算書

では企業の営業活動がどのように描写されているのか実際の損益計算書をみてみよう。以下は、日本を代表する自動車製造会社であるトヨタ自動車の損益計算書の一部である。

【表10－1　トヨタの損益計算書】

Ⅰ　売上高	金額（百万円）	百分比（%）
1　商品・製品売上高	27,759,749	
2　金融収益	2,170,243	
売上高合計	29,929,992	100.0
Ⅱ　売上原価並びに販売費及び一般管理費		
1　売上原価	23,142,744	
2　金融費用	1,379,620	
3　販売費及び一般管理費	2,964,759	
売上原価並びに販売費及び一般管理費	27,487,123	91.8
営業利益	2,442,869	8.2

（2020年３月期のトヨタの有価証券報告書をもとに加筆・修正）

まず営業活動によってどれだけ儲（もう）かっているのかは「Ⅰ　売上高」「Ⅱ　売上原価並びに販売費及び一般管理費」をみれば分かる。つまり製品の販売によって顧客から払い込まれた総額である売上高が約29.9兆円あり、その売上を得るためにかかった費用が合計で約27.5兆円、差し引き2.4兆円ほどの利益を得ている。その額の大きさにも圧倒されるが、実はどれだけ効率よく儲けているかという点も大切な点であり、売上高に占める利益の割合（これを**売上高営業利益率**という）によって表される。このことは裏返せば、同じ売上高を上げたとき、それにかかるコストをどれだけ低く抑えることができたかということである。損益計算書の場合、売上高の額を100%とし、各項目の占める割合を百分比で示してみると分かりやすい。2020年３月期における、トヨタを除く自動車製造会社５社の売上高営業利益率の平均は2.3%であり、トヨタ自動車の8.2%は他社と比べてコストを抑えることに成功した結果といえる。

もう少し詳しく各項目をみてみよう。まず売上高をみてみると、その内訳は自動車の販売による部分と自動車ローンなどの金融サービスによる部分とから構成されている。このように企業は複数の事業を営んでいることが多く、損益計算書上ではあらかじめ各事業別の収益の様子が記載されていることがある。より詳細に事業別の収益の状況を知りたければ、**セグメント情報**（Column10－１参照）をみればよい。

費用の各項目をみると、まず仕入活動や生産活動にかかった費用は原価計算という手続を経て、当期の材料費、工場の従業員の給料や建物の減価償却費など、当期の営業活動での使用部分に相当する額が「**売上原価**」として計上されている。未使用であった部分は貸借対照表の棚卸資産などの資産項目として計上されており、次期の生産活動に用いられる。またおもに販売活動に関係する費用が「**販売費及び一般管理費**」に計上されている。これには販売促進のキャンペーンを行ったときの費用、販売店や本社の従業員の賃金などが含まれている。

商業と製造業

すべての企業が製造から販売までを自社で一貫して行うとは限らない。他社が製造販売したものを購入し、それを用いて商売を行っている企業もある。たとえばNTTドコモは携帯電話を仕入れ、販売することによって、通話や情報コンテンツの配信といった通信サービスを行っている。このように商品またはサービスの提供を主たる仕事としている業種を**商業**とよび、製造から販売までを手がける業種を**製造業**とよぶ。

２つの業種の違いは、提供する製品・サービスの製造を自社で行っているかどうかという点にあるため、商業ではさきの営業循環のステップのうち生産活動が省略

Column10－1

セグメント情報

企業はさまざまな種類の事業活動から収益をあげている。通常、損益計算書には、これら活動の合計としての売上高が記載されるのみである。しかし企業の売上がどのような種類の事業活動から発生しているかは、投資者をはじめとした企業の利害関係者にとって非常に有益な情報となる。そこで売上高、利益（または損失）、資産などの金額を事業ごとに記載したセグメント情報が公表されている。

たとえば、JR東日本は2020年３月期決算において全社での売上高が２兆9,466億円であり、営業利益3,808億円を計上している。セグメント情報をみると、売上高のうち鉄道事業を中心とした「運輸事業」が１兆9,945億円（68％）、小売・飲食業や貨物運送事業の「流通・サービス事業」が5,020億円（17％）、ショッピングセンターの運営事業、オフィスビル等の貸付業およびホテル業の「不動産・ホテル事業」が3,485億円（12％）、「その他」が1,015億円（３％）となっている。ここから運輸事業を中心とした事業展開が図られていることが分かる。

またどのセグメントがどれだけ効率よく儲けを出しているかを調べることもできる。売上高（セグメント間取引含む）に対するセグメント利益の割合を計算してみると、運輸事業12％、流通・サービス事業６％、不動産・ホテル事業20％、その他８％であり、事業の種類によって、儲けの効率性が大きく異なることが分かる。

鉄道会社の中には、遊園地や劇場の運営、住宅地の開発さらには東京スカイツリー建設など、一見すると鉄道会社と関係がないと思われる事業を展開しているところもある。これは鉄道会社が、運輸業だけを行うのではなく、人の移動を必要とするような他事業も同時に行うことによって事業のシナジー効果を狙っているためである。

セグメント情報の作成においては、経営者が経営判断に用いているセグメントの分け方を用いることが要求されている。セグメント情報をみて、経営者の立場から企業が各事業をどのように関連させて経営活動を行っているのかを考えてみるのも面白いだろう。

され、全体で３ステップになるという違いがでてくる。なお会計では、完成品を他企業から購入した場合は**商品**とよび、自社において製造した場合は**製品**とよんで区別している。

NTTドコモの儲けの仕組み

ではここで商業を営む企業の営業活動の様子をみてみよう。**表10－2**は2020年３月期における株式会社エヌ・ティ・ティ・ドコモ（NTTドコモ）の損益計算書の概要である。

まず営業収益の項目からNTTドコモの収益項目の主たる２つが通信サービスと端末機器販売であることが分かる。続いてそれら収益の獲得のために費やされた項目が営業費用として掲載されている。通信設備使用料は通信サービスの提供に必要となった設備の費用を、端末機器原価は販売する端末機器の仕入原価を表している。費用に自社での製造原価の項目はなく、NTTドコモが自ら携帯端末を製造しているのではないことが分かる。そして店舗や机・陳列台などの設備の当期使用分が「**減価償却費**」として計上されている。「その他の営業費用」は、営業所の従業員の給料である人件費、代理店への手数料などを含んでいる。

営業収益から営業費用を差し引くと8,546億円の営業利益が発生していることが分かる。ここで注目すべきは端末機器の販売事業である。当該事業の営業収益が6,082億円であるのに対して、端末機器の原価は6,689億円にまで達しており、販売事業に要したであろう固定資産の減価償却費やその他の営業費用の額を考慮するまでもなく、この事業が赤字となっているのがわかる。これら赤字を補って余りあるのは通信サービスからの収益であり、端末の販売と通信サービスをセットにする

【写真10－1　携帯電話の販売】

写真提供：株式会社NTTドコモ

【表10－2　NTTドコモの損益計算書】

Ⅰ　営業収益	金額（百万円）	百分率（%）
1　通信サービス	3,094,278	
2　端末機器販売	608,228	
3　その他の営業収入	948,784	
営業収益合計	4,651,290	100.0
Ⅱ　営業費用		
1　通信設備使用料	431,668	
2　端末機器原価	668,976	
3　減価償却費	580,839	
4　その他の営業費用	2,115,157	
営業費用合計	3,796,640	81.6
営業利益	854,650	18.4

（2020年３月期のNTTドコモの有価証券報告書をもとに加筆・修正）

ことによって利益をあげていることが分かる。これがNTTドコモの儲けのしくみ（ビジネスモデル）である。

このように企業の営業活動の様子を示すためには、費用・収益の各項目を適切に計上する必要があり、そのためには各項目の金額およびその認識のタイミングが重要となる。商品（棚卸資産）の原価、製造原価、減価償却の計算方法など費用に関連する事項については他の章において説明がなされているため、この章では収益の計上について解説する。とくに収益をどのようなタイミングで計上するかは重要な問題である。次節では収益認識のタイミングについて考えてみよう。

3　売上代金の回収と収益の認識

収益認識の基本ルール

もしあなたがコンビニの経営者であるとしたら、営業循環のどの時点で売上を計上することが適当だと考えるだろうか？　その手がかりとして自分が買い物に行くときを考えてみよう。私たちは数多くある商品のなかから、①気に入った商品を手に取り、それを、②レジまで持っていき、商品を受け取るのと引換えに、③代金を支払う。このとき販売者の立場からはどの時点で売上が計上されたと考えるのがよいだろうか？

①の時点で売上が確定したと考えるのは早い。なぜなら顧客はレジに向かう途中で気が変わって商品を戻してしまうかもしれないからである。②の時点で商品を顧客に引渡すことによって購入は決定的なものとなり、企業の販売活動は完了する。多くの場合、販売活動が順調に行われれば、③代金回収はそれに付随して比較的容易に行われる。つまりコンビニの例では、販売活動が行われ、財またはサービスの顧客へ引渡しが果たされた時点において収益認識を行うことが妥当と考えられる。

2021年４月以降に開始する事業年度からは、「収益認識に関する会計基準」に従って会計処理が行われる。この基準では、企業が顧客との契約において、財またはサービスを顧客に移転する約束（**履行義務**）を果たしたときに売上高等の収益を認識することとしている。

ただし企業が営む事業内容によって、財またはサービスの移転パターンには、一時点で生じる場合と一定期間にわたり継続的に生じる場合とがあり、企業による履行義務の充足パターンに応じて収益を計上する必要がある。さきのコンビニの例のように、一時点で支配が移転する場合には販売時点で収益を認識することとなる。一方、設備メンテナンス業や建設業などのように、事前の契約によって継続的なサービスの提供や取引価額が決定されている場合には、生産によって次第に形成される財やサービスが顧客のものとなっていくと考えられるため、生産時点で収益を認識することとなる。営業循環のステップのうち、残る代金回収時点での収益計上は、履行義務の充足時期から大きく遅れて収益を認識することになるため認められていない。次項では、この基準のもとで収益の認識が実際どのように行われているのかを不動産販売のケースを用いて考えてみよう。

不動産販売の収益認識

取り上げるのは、戸建関連事業を中心にマンション事業、収益不動産事業を展開している不動産会社のオープンハウスである。オープンハウスは、2018年４月１日に開始する会計年度から「収益認識に関する会計基準」を早期適用している。そこで有価証券報告書の記載をもとに、事業内容と履行義務の充足パターンそして収益認識がどのようになされているのかをみてみよう。ここで注目するのは、戸建関連事業に属する一戸建住宅の販売、注文住宅の請負、不動産の仲介の３つの事業である。

【写真10－２　販売される戸建住宅】

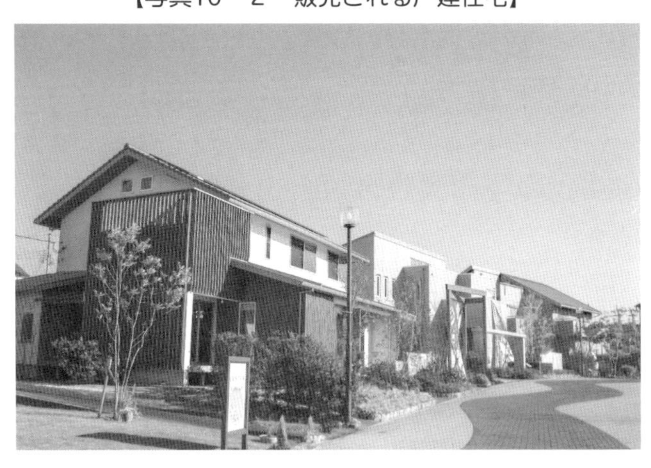

まず一戸建住宅の販売とは、オープンハウス側が住宅の設計を行い、完成した一戸建住宅を顧客に販売する事業である。オープンハウスは顧客との不動産売買契約に基づき物件の引渡しを行う義務を負っている。この履行義務は物件が引渡される一時点で充足されるため、引渡時点において収益が計上される。

つぎに注文住宅の請負とは、顧客の依頼に応じて特別に設計された住宅の建築工事を請け負う事業である。オープンハウスは、事前に顧客と結んだ建物請負工事契約に基づき、建築工事を行う義務を負っている。この契約のもと、工事が進むにつれて資産となる住宅は徐々に完成していき、それと並行して顧客が当該資産を支配するようになると考えられる。この場合、履行義務は一定期間にわたり充足されるものであり、契約期間にわたって工事の進み具合に応じて収益を計上することとなる。

そして不動産の仲介とは、不動産売買の際に買主と売主の間に立ち、売買契約を成立させる事業である。オープンハウスは、取引条件の交渉、契約書の作成・交付といった一連の業務に関する義務を負っている。この履行義務は、仲介を行った不動産物件が引渡される一時点で充足されるものであり、引渡時点において収益を計上している。

このように企業はさまざまな事業を行っており、さらに事業に関連して複数の契約が存在するのが普通である。そこで１つ１つの契約が会計処理の対象となるものかを識別したうえで、そこに含まれる履行義務を特定し、収益認識のタイミングを考えていく必要がある。ちなみにオープンハウスの売上高は、変更前の収益認識基準で売上高を計上した場合と比べて、３億８千万円増加している。適用される会計基準が変更される前後では、同じ経営実態であっても、それを描写した財務数値が大きく異なる場合があるため注意が必要となる。

4 代金回収の不確実性

さまざまな受取形態

収益計上のタイミングは学習したとおりであるが、その受取形態は現金とは限らない。代金の支払い時に実際に現金をやり取りすることは、その持ち運びが大変なだけではなく、安全性の点からも問題がある。そこで現実の取引においては、現金の受渡しに代えて、決められた期日に代金をまとめて支払うことを約束したり、代金の支払いを約束する書類（手形）を発行したりする。いずれの方法によっても、代金を支払う義務（債務）をもつ人と代金を受け取る権利（債権）をもつ人という法的な関係が生まれるので、会計上ではそれら債権・債務をそれぞれ資産、負債として取り扱う。

このような取引形態は企業と顧客との間に信頼関係がなくては成立しないことから信用取引とよばれ、現代の商取引の基本となっている。信用取引を行うことによって、顧客にとっては支払いの煩雑さが減り、それに伴い円滑な商取引が促進されることとなる。

売 掛 金

テレビドラマの一場面、なじみの居酒屋などで「代金はツケといて！」といって店を出て行くシーンを見たことがないだろうか。いわゆる“ツケ”は、そのときには代金を支払わず、後日まとめて代金を支払うという約束であり、これは顧客が頻繁に店を訪れているなど、店主とお客との間に信頼関係があり、代金回収の不確実性が相対的に低いと考えられるため可能な代金の受取形態である。まれに代金の回収が滞ってしまうこともあるかもしれないが、頻繁に店を利用するお客の立場からは便利な代金の支払い方法であり、顧客をつなぎとめておくことに一役買っている。

現実の商取引のなかでもツケに相当するものがある。**売掛金**がそれであり、商品を販売し商品を引き渡したものの、代金のうち未だ回収されていない部分を指し、債権となる。これが逆に仕入の立場であると将来支払わなければならない**買掛金**（債務）となる。

売掛金と混同される項目として**未収金**がある。売掛金が営業活動によって発生した債権であるのに対して、未収金は有価証券の売却など主たる営業取引以外からの債権であるという違いがある。

受取手形

売掛金と並んで代表的な代金決済の方法が手形である。手形とは商品代金の支払いなどを目的として発行される有価証券であり、約束手形がその代表例である。約束手形は、たとえばＡ社がＢ社から仕入れた商品の代金を支払うために、Ａ社がＢ社に所定の額を決められた期日に支払うことを約束した紙片である。手形が作成（これを振出しという）されると、Ａ社が債務者、Ｂ社が債権者となる。会計では、手形による支払い義務（手形債務）と代金の受取りの権利（手形債権）を記録することが重要であり、それぞれ**受取手形**、**支払手形**として取り扱われる。

Column10－２にもあるように、商取引のさまざまな場面で利用されている手形であるが、2008年より施行された電子記録債権法を契機に電子化が進んでいる。紙ベースの手形は、紛失や盗難のおそれがあり、振出しのために印紙代などがかかるため、流通量が減少している。コンピュータ上で債権者と債務者の名前、支払額、支払期日などの情報が管理され、期日になれば自動的に決済が行われる**電子記録債権**では紙ベースのときのような問題は起こらない。会計ではこれらの債権、債務はそれぞれ電子記録債権、電子記録債務として記録される。

Column10－2

手形のいろいろな使い方

手形の受取りによって手形債権が発生するのは、本文で述べたとおりである。受け取った手形は、仕入などを行った際の代金決済の方法として、他人に譲り渡すことができ、このことを手形の裏書譲渡という。これは手形の裏面に所有者を書く欄があり、裏書時にはここに新しい所有者の名前を記すことからそうよばれている。

また裏書して手形債権を譲る相手が銀行などの金融機関の場合は、これを特に手形の割引という。手形債権は通常、その支払期日にならなければ現金化することができないため、割引は支払期日前に手形を現金化することを目的として行われる。このとき、期日前に現金化することの見返りとして割引料を金融機関に支払い、残額を受け取ることになる。これ以外にも資金の貸し借りを目的として手形を借用証書の代わりに用いる金融手形などがある。

気をつけなくてはならないのは、手形債権は、それを支払うべき手形債務者の経済的な困窮によって代金の支払いを拒絶されることがあるということである。これを手形の不渡りといい、6ヶ月の間に2回の不渡りを出せば信用を失い、銀行との取引が停止される。銀行との取引が停止してしまえば、資金繰りが悪化し倒産に追い込まれてしまうため、2度の不渡りは実質的な倒産を意味している。

貸倒引当金

売掛金や受取手形などは売上に伴って発生した債権であるから売上債権とよばれる。売上債権はさきに述べたように信用をもとに発生する。そのため不況等の経済環境の変化などによって、債務者が支払い不能な状態に陥ったとき、所有していた債権では代金回収が不可能となる場合がある。これが貸倒れであり、信用販売を行えば必然的に発生してしまう。

このような将来の代金回収の不確実性に前もって対応するため、企業は**貸倒引当金**を設定することを要求されている。貸倒引当金の金額については、過去の取引実績等の経験などから貸倒れの程度を見積もり、貸倒れの起こる確率が高いと考えられる債権についてはより多額の引当金を設定し、設定額を販売の費用として損益計算書に計上する。

なぜならば信用販売の形態をとったことによって、企業は顧客に対し、支払いの猶予や一括払いなどの利便性を与えており、その結果として販売が促進されたと考えられるからである。そこで貸倒引当金の設定額は、売上を増進させるのに必要な費用として取り扱われることとなる。

また債権のうち回収可能であると想定されるのは、貸倒引当金を差し引いた額である。したがって貸借対照表では、①売掛金や受取手形から貸倒引当金を控除する形で示すか、②引当金を控除した残額を売掛金・受取手形として表示するとともに、控除した引当金の額を注記することとされている。なお、実際に貸倒れが発生したときには、引当金を取り崩して処理する。

5 おわりに

本章では企業の営業活動の様子が会計上、どのように表されているのかを解説した。企業の営業活動は仕入、生産、販売、代金の回収という営業循環によって行われ、その結果は営業収益から営業費用を差し引いた額である営業利益に集約される。

営業活動についてより詳しく調べたければ、収益と費用の各項目を検討すればよい。収益の額は、企業が顧客との契約において、財またはサービスを顧客に移転する約束である履行義務を充足したときに認識されるものであるため、その判断にはどのような履行義務を有しているかが重要となる。ただし対価として売掛金、受取手形を受け取った場合には、それらが貸倒れとなってしまう可能性があることから、事前に想定される貸倒れの額を設定しておく必要がある。そして万が一、貸倒れが起こった場合には引当金を取り崩して対処する。

また収益・費用の検討に際しては、金額ベースでみるだけではなく割合でみてみることや、さまざまな数値を同じ業界に属する企業と比べてみることなどが有効である。これら比較を通して、今までとは違った企業の姿が見えてくるかもしれない。

?考えてみよう

1. いくつか企業を挙げて、それぞれどのような営業循環によって経営活動を行っているのか具体的に考えてみよう。

2. 興味のある企業がどのような収益構造をもっているか、損益計算書やセグメント情報をみて考えてみよう。

3. エレベータの生産販売を行うA社と保守点検サービスを行うB社がある。A社は当期首に300万円でエレベータの販売、据付を行い、B社は当期首から5年間にわたって保守点検サービスを提供する契約を200万円で締結した。それぞれの取引について、A社とB社の当期の収益計上額はいくらになるだろうか。

参考文献

桜井久勝『財務会計講義（第21版）』中央経済社、2020年。

次に読んで欲しい本

桜井久勝・須田一幸『財務会計・入門（第13版）』有斐閣、2020年。

山根　節・太田康広・村上裕太郎『ビジネス・アカウンティング（第4版）』中央経済社、2019年。

第11章

儲かる仕組みの分析

1　はじめに
2　収益性の分析
3　ROEの３分解
4　安全性の分析
5　おわりに

1 はじめに

「今日は外食にする？　何が食べたい？」 学生間や一般家庭内でしばしば行われる会話である。黒毛和牛フィレステーキ、本マグロ中トロ、フカヒレスープの妄想が一瞬よぎるが、残念ながら「牛丼、回転寿司、ギョーザ、どれにする？」が現実である。どこも「安い」「早い」、それでいて「美味い」が特徴であるが、原材料価格の高騰や人件費の上昇、消費者の根強い節約志向等により、外食産業を取り巻く経済環境は優しいとはいえない。果たして本当に儲（もう）かっているのであろうか。儲かっているとすれば、何が強みとなっているのであろうか。

本章では、株式会社ゼンショー（以下「ゼンショー」）の直営部門である「すき家」の収益性や安全性を、株式会社くらコーポレーション（現：くら寿司株式会社）（以下「くら寿司」）、株式会社王将フードサービス（以下「王将」）のそれらと比較する。これらの企業は、代表的な収益性尺度であるROE（第２節参照）が10％前後の高収益企業である点で共通する。

なお、ゼンショーはM&Aにより多くの業態を抱え込んでいる。牛丼の「なか卯」、ファミリーレストランの「ココス」「ビッグボーイ」「ジョリーパスタ」、焼肉の「宝島」「牛庵」「いちばん」、ファーストフードの「はま寿司」「伝丸」「久兵衛屋」「瀬戸うどん」等は、ゼンショーの子会社が直営展開している。

ゼンショーの連結財務諸表（すなわち、企業集団全体の財務諸表）には、これらの企業がすべて含まれている。そこで本章では、ゼンショーの個別財務諸表（すなわち、すき家だけの財務諸表）を使用し、くら寿司と王将の連結財務諸表と比較する。なお、くら寿司は、米国と台湾に子会社を１社ずつ有しているが、これらの子会社も本体と同じ回転寿司店舗を展開しているので、くら寿司の財務諸表は連結財務諸表を用いるのが適当である。同様に、中華料理主体の台湾子会社１社と食材加工等を行う国内子会社１社を保有する王将についても、連結財務諸表を使用する。分析対象の決算期は、すき家と王将が2019年３月期、くら寿司が2018年10月期である。

Column11－1

期間比較と企業間比較

企業が公表する財務諸表数値や、そこから算定される財務比率には、企業１社に関する当期１期分の情報でも重要な意味内容が含まれている。たとえば営業利益が赤字であれば、本業がまったくうまくいっていないことを意味する。しかし比較すべき対象を設定することで、そのような解釈がよりいっそう有意義なものになる。財務諸表分析では、①期間比較（時系列分析）と、②企業間比較（クロスセクション分析）が代表的である。

①**期間比較**は、当期の財務諸表数値や財務比率を同一企業の過年度と比較するものである。最も単純な期間比較は前期との比較である。たとえば売上高の場合、当期が前期と比べて増加（減少）していれば「増収」（「減収」）とよばれている。同様に、利益に関する「増益」（「減益」）もよく知られているところである。ただし期間比較を行う場合、分析上、複数年度にまたがる景気変動等の一般経済情勢の変化を考慮する必要がある。たとえば、ある企業が増益率10％を達成していても、同じ産業に所属する他企業の平均的な増益率が６％であれば、当該企業の増益の一部が当該産業の市況の好転に基づくものであると解釈し、当該企業の好業績を割り引いて評価しなければならない。

②**企業間比較**は、分析対象企業に関する当期の財務諸表数値や財務比率を他企業と比較するものである。この方法で注意すべきは、比較対象とする企業についてである。企業間比較を有意義にするには、少なくとも同一産業に所属する企業、もしくはそれらを集合した産業全体の平均を比較対象としなければならない。各産業には、それぞれ収益構造や財務内容に関して固有の特徴があるからである。たとえば、大きな工場や設備を必要とする製造業（たとえば鉄鋼業）とそれらをそれほど必要としないサービス業（たとえばコンピュータ・ソフト産業）には、貸借対照表における固定資産の割合に顕著な差が存在する。このように通常、異なる産業に所属する企業を相互に比較することはできない。

2　収益性の分析

これまでの章でみてきた貸借対照表と損益計算書は、企業を取り巻くさまざまな利害関係者の経済的意思決定に役立つ会計情報を豊富に提供している。「すき家の

【写真11－1　くら寿司】

写真提供：くら寿司株式会社

売上規模2,544億円は、王将の816億円とくら寿司の1,325億円の合計より大きい」「3社はいずれも黒字である」「資産規模は、すき家、王将、くら寿司の順に大きい」等が代表的であろう。このように公表された会計情報はそのままでも有用であるが、それに分析を加えることによって、ナマの財務諸表から即座に読み取ることができない追加的な情報が得られる。本章では、会計情報の利用者の立場から、企業の収益性や安全性の程度を評価する方法を学習しよう。

まず企業の**収益性**は、財務諸表を分析する上で最も重要な視点である。十分に儲かっていれば、通常、企業の安全性（第4節参照）は問題がないからである。収益性の分析で用いられる指標は「**資本利益率**」である。資本利益率は、企業活動に投下された資本（貸借対照表）から、どれだけ多くの利益（損益計算書）が生み出されたのかを測定する尺度であり、[利益÷資本] として計算される。

その計算に使用される資本と利益の性格は、理論的に首尾一貫している必要がある。たとえば株主の立場から企業の収益性を分析する場合、最終的に株主に帰属する資本と利益、すなわち自己資本と親会社株主に帰属する当期純利益（個別財務諸表では当期純利益）を用いなければならない。これは「自己資本純利益率」（**ROE**：Return on Equity）とよばれている。ROEが高いほど、収益性が高いと考える。近年多くの企業が「ROE○%達成」を経営目標に掲げるなど、ROEに対する注目度は非常に高い。

それでは、すき家のROEを計算しよう。この計算および以下での計算の基礎と

【表11－1　収益性の分析で用いる財務諸表のデータ】

（単位：百万円）

	すき家		くら寿司		王将	
	前期(末)	当期(末)	前期(末)	当期(末)	前期(末)	当期(末)
総資産	285,062	342,686	52,745	59,070	65,102	63,950
株主資本	53,689	55,355	34,530	39,068	45,240	47,439
その他の包括利益累計額	▲12	▲13	106	110	882	▲567
売上高	249,115	254,448	122,766	132,499	78,117	81,638
親会社株主に帰属する当期純利益	3,268	6,297	4,884	5,130	3,652	4,189

（注）「その他の包括利益累計額」「親会社株主に帰属する当期純利益」は、個別財務諸表では、「評価・換算差額等」「当期純利益」である。▲はマイナスを表す。

なる財務諸表の数値は、**表11－1**として示されている。

親会社株主に帰属する当期純利益は損益計算書のボトムラインである。自己資本は貸借対照表上の［株主資本＋その他の包括利益累計額（個別財務諸表では評価・換算差額等）］として計算される。分母の資本は、期首から期末までの間に獲得された分子の利益と対応させるため、期首と期末の平均値を使用するのが理論的である。

$$ROE = \frac{\text{当期純利益}}{\text{自己資本（期中平均）}} = \frac{6{,}297}{(53{,}677+55{,}342)\div 2} = 11.6\%$$

同様に、くら寿司と王将のROEをまとめたのが**表11－2**である。３社とも、10%前後のROEを達成している高収益企業であること、なかでも、くら寿司の収益力が最も高いことが分かる。

【表11－2　各社のROEの比較】

	すき家	くら寿司	王将
ROE	11.6%	13.9%	9.0%

3 ROEの３分解

それでは、各社の収益力の差はどこから生じているのであろうか。ROEは、次のようにして売上高純利益率、総資本回転率、および財務レバレッジという３つの要素に分解することができる。

$$ROE = \text{売上高純利益率} \times \text{総資本回転率} \times \text{財務レバレッジ}$$

$$\frac{\text{当期純利益}}{\text{自己資本}} = \frac{\text{当期純利益}}{\text{売上高}} \times \frac{\text{売上高}}{\text{総資本}} \times \frac{\text{総資本}}{\text{自己資本}}$$

$$\frac{6{,}297}{(53{,}677+55{,}342)\div 2} = \frac{6{,}297}{254{,}448} \times \frac{254{,}448}{(285{,}062+342{,}686)\div 2} \times \frac{(285{,}062+342{,}686)\div 2}{(53{,}677+55{,}342)\div 2}$$

$$11.6\% = 2.5\% \times 0.8\text{回} \times 5.8\text{倍}$$

第１に「**売上高純利益率**」は、売上高のうちどの程度最終的に株主に利益が残ったのか、その利ざやの大きさを測定する尺度である。第２に「**総資本回転率**」は、企業の営業活動に投下された総資本に対して何倍の売上を達成したのか、その資本利用の効率性を測定する尺度である。第３に「**財務レバレッジ**」は、親会社株主に帰属する自己資本に対して企業の総資本が何倍であるかをみる尺度である。

ROEは、これら３つの要素を掛け算することによって算定される。したがって、これらの要素が大きいほどROEは上昇する。ただし次の点に注意しなければならない。まず３要素が互いに密接に関連している点である。たとえば利ざやを度外視し、もっぱらシェア拡大を推し進めるような経営を行えば、総資本回転率は高まるかもしれないが、その代償として、売上高純利益率は低下してしまう恐れがある。

次に、財務レバレッジ（第４節の「自己資本比率」の逆数）は、必ずしも大きいほどよいというものでもない。総資本に占める自己資本の割合が小さいほどROEは上昇する。しかしながらその分、他人資本による資金調達を（相対的に）増やさなければならない。他人資本に対しては、企業の利益の有無や大小にかかわらず、確定利子を支払わなければならない。これは、業績好調時には一定の利子の支払いで足りるが、業績不振時には、企業にとってその所定の利子の支払いが大きな負担となり利益を圧迫することになる。つまり、自己資本と他人資本の構成割合は、企業の収益性のみならず安全性の側面にも重要な影響をおよぼすのである。

Column11 - 2

財務諸表分析は役に立つか

財務諸表分析によってさまざまな財務指標が得られる。ところでこれらの財務指標は、証券投資の意思決定に本当に役に立っているか。役に立っていなければ財務諸表分析を行う意味がない。そこで次の２つの検討課題を分析した結果を紹介しよう。

まず、「ROEが向上した企業は株価が上昇し、逆にROEが悪化した企業は株価も下落しているか」である。**図11 - 1**は、当期のROEが前期よりも上昇したかどうかによってサンプルを２つのグループ（ROE向上グループとROE悪化グループ）に分割し、実際に決算発表が行われる１年前から、各グループの株価動向を追跡したものである。この図から、ROE向上企業（実線）の株価は市場平均を上回って上昇しており、逆に、ROE悪化企業（破線）の株価は市場平均よりも下落しているという明確な対応関係が認められる。したがってROEは、株価動向を説明する上で有用な財務指標であるといえる。

次は、「負債比率やインタレスト・カバレッジ・レシオ（ICR）は倒産予測に役立つか」である。これを検証するには、結果的に倒産してしまった企業のデータと、倒産しなかった同業の企業（以下では非倒産企業という）のデータを、倒産までの期間にわたって比較すればよい。**図11 - 2**は、倒産前７期分の①負債

【図11 - 1　ROEの動向と株価の変化】

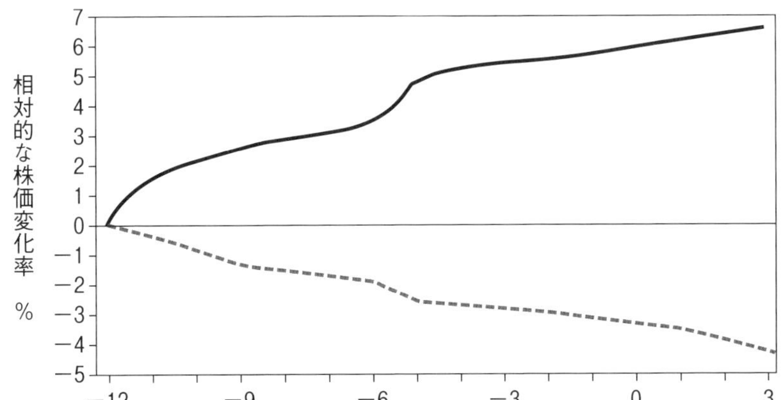

（出所）　桜井久勝・石川博行「連結財務諸表の情報提供機能と利害調整機能」『神戸大学大学院経営学研究科Working Paper 9622F』1996年12月、４頁。

比率と②ICRの時系列推移を、倒産企業（実線）と非倒産企業（破線）とで比較したものである。これらの図から、非倒産企業の財務指標が安定的に推移しているのに対して、倒産企業の①負債比率は、7期前（－7）から1期前（－1）へと倒産が近づくにつれて、急激に上昇し（倒産企業の1期前（－1）は、債務超過であり、負債比率は計算できない）、逆に②ICRは著しく低下していることが明白である。この結果は、これらの財務指標に注目することによって、将来における企業倒産を予測できる可能性があることを示している。

【図11－2　負債比率とICRの倒産予測能力】

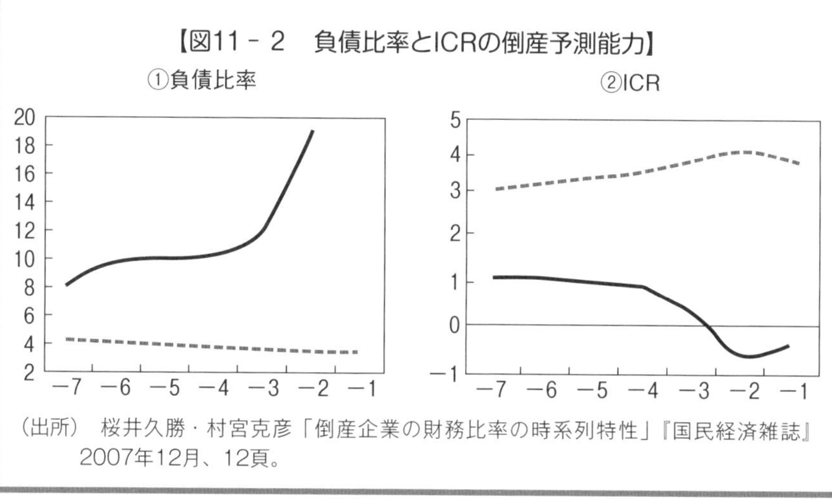

（出所）　桜井久勝・村宮克彦「倒産企業の財務比率の時系列特性」『国民経済雑誌』2007年12月、12頁。

以上の点に注意しつつ、各社のROEを分解してみよう。**表11－3**がその結果である。ROEの分母（自己資本）の期中平均に対応させるため、総資本回転率の分母（総資本）および財務レバレッジの分母と分子（自己資本と総資本）が期中平均であることに注意されたい。表11－3から、高ROEの最大要因が各社で異なることが分かる。「財務レバレッジのすき家」、「総資本回転率のくら寿司」、「売上高純利益率の王将」という特徴が一目瞭然である。すき家は、他人資本の積極的な活用

【表11－3　各社のROEの分解】

	ROE	＝	売上高純利益率	×	総資本回転率	×	財務レバレッジ
すき家	11.6%	＝	2.5%	×	0.8回	×	5.8倍
くら寿司	13.9%	＝	3.9%	×	2.4回	×	1.5倍
王将	9.0%	＝	5.1%	×	1.2回	×	1.4倍

によってROEを高めている。M&A戦略に多額の資金が必要なのだろう。くら寿司は、回転寿司の本領を発揮して回転率が著しく高い。売上高利益率も相対的に高くROEが高水準となっている。王将は、大量一括仕入れ等によるコスト削減が功を奏している。分析結果に各社それぞれの強みが表れている点が興味深い。

4 安全性の分析

すき家、くら寿司、王将はいずれも、少なくとも現時点では高い収益力（ROE）を誇っている。しかし競争社会では、今後も好業績を達成し続けられるとは限らない。経営の失敗や外部環境の悪化等により、どの企業も業績が急激に悪化する危険性がある。そのような業績悪化局面では、とりわけ当該企業の債務や利息の支払能力がクローズアップされることになる。**安全性**の分析では、財務構造や資本構成（貸借対照表）を分析し、当該企業の債務支払能力の良否を判定することが伝統的に行われている。また利息の支払能力を直接判定する際には、損益計算書の分析も重要である。

安全性の尺度は、⑴早期に返済すべき負債とそれに充当される早期に換金化しうる資産との関係を測る指標、⑵資本構成すなわち自己資本と他人資本の構成割合に

【写真11－2　餃子の王将】

写真提供：株式会社王将フードサービス

【表11－4　安全性の分析で用いる財務諸表のデータ】

（単位：百万円）

	すき家	くら寿司	王将
当座資産	46,829	17,591	14,662
流動資産	172,316	19,995	16,013
流動負債	74,509	14,226	13,440
固定負債	212,835	5,569	3,637
自己資本	55,342	39,178	46,872
新株予約権	0	98	0
営業利益	2,717	6,875	6,924
受取利息・配当金	8,680	62	53
支払利息・社債利息	1,024	64	16

関する指標、⑶損益計算書のフロー数値を使用した指標などが代表的である。以下では、財務諸表から抽出した**表11－4**の当期（末）の数値を用いて、それぞれの指標を検討しよう。

流動比率と当座比率

企業の短期的な債務返済能力を表す指標は、流動比率と当座比率が代表的である。「**流動比率**」は、短期（通常１年内）に返済すべき流動負債に対して、短期に換金化しうる流動資産がどの程度充当されているかを示す指標である。流動資産のうち、換金化がとくに容易な当座資産（＝現金・預金＋受取手形・売掛金（▲貸倒引当金）＋有価証券）を分子に用いた指標が「**当座比率**」である。

すき家の場合、流動資産172,316百万円のうち当座資産は、現金・預金33,690百万円と売掛金13,139百万円（貸倒引当金控除後）だけである。

$$流動比率 = \frac{流動資産}{流動負債} = \frac{172{,}316}{74{,}509} = 231\%$$

$$当座比率 = \frac{当座資産}{流動負債} = \frac{46{,}829}{74{,}509} = 63\%$$

【表11－5　各社の安全性尺度の比較】

	すき家	くら寿司	王将
流動比率	231%	141%	119%
当座比率	63%	124%	109%
自己資本比率	16%	66%	73%
負債比率	519%	51%	36%
ICR	11倍	108倍	436倍

返済すべき流動負債と少なくとも同額の流動資産が確保されている、さらに流動負債の全額を当座資産で充当できればなおよい。そのような考えに基づけば、流動比率や当座比率は100%を超えていることが安全性の目安となる。**表11－5**をみると、少なくとも流動比率については、３社とも100%を超えており、短期的な債務返済能力に問題はないといえる。

流動比率や当座比率については、いくつか注意点がある。まず、売上債権や棚卸資産が少ない企業など、業界によっては、その目安が参考にならない点に注意が必要である。また、近年では、売上債権や棚卸資産の管理技法が進歩しており、流動比率等が低いからといって、ただちに当該企業の短期的な債務返済能力が低いと判断してはならない。後述する他の指標とあわせた総合的な安全性の評価が必要である。

さらに近年では、たとえば過度に高い当座比率は、経営者の現金管理・運用能力が低い、あるいは有望な投資先がないというマイナスの評価を受けることも多い。そのような企業は、過剰に保有しているキャッシュを狙った「**モノ言う株主**」の株主還元要求を受けたり、**敵対的買収**のリスクが高まったりする点にも注意する必要がある。

自己資本比率と負債比率

企業の財務内容は、短期的な観点からだけでなく長期的な観点からも、その安全性を評価しなければならない。企業は、長期的には貸借対照表上の他人資本（負債）をすべて返済することが必要だからである。その他人資本の安全性を評価する指標が、自己資本比率と負債比率である。「**自己資本比率**」は、調達したすべての資本（総資本）に占める自己資本の割合である。その裏表の関係にあるのが「**負債比率**」であり、長期的に必ず返済しなければならない他人資本（＝流動負債と固定負債の合計、あれば新株予約権と非支配株主持分を加える）と、返済義務のない自己資本（＝株主資本とその他の包括利益累計額（個別財務諸表では評価・換算差額等）の合計）の割合を示す。

すき家の自己資本は55,342百万円（＝55,355＋▲13）、他人資本は287,344百万円（＝74,509＋212,835＋0）である。また総資本は自己資本と他人資本の合計342,686百万円である。

$$\text{自己資本比率} = \frac{\text{自己資本}}{\text{総資本}} = \frac{55{,}342}{342{,}686} = 16\%$$

$$\text{負債比率} = \frac{\text{他人資本}}{\text{自己資本}} = \frac{287{,}344}{55{,}342} = 519\%$$

自己資本比率と負債比率は、他人資本と自己資本が均衡する水準、すなわち自己資本比率は50%以上、負債比率は100%以下が目安とされる。表11－5をみると、くら寿司と王将はその目安を優にクリアしている。したがって、両社の長期的な安全性は相対的に高い。一方、すき家の自己資本の割合は50%を大きく割り込む10%台である。第３節でみたように、この自己資本比率の低さ（すなわち財務レバレッジの高さ）は、ROEを上昇させるという点ではプラスの効果を発揮する。しかし自己資本比率が過度に低下すると、長期的な債務返済能力に重大な疑義が生じてくるのである。

他方、逆に高すぎる自己資本比率は、長期的な安全性は確保されるものの、ROEを低下させるという点ではマイナスの影響がある。とりわけ王将の自己資本比率は70%を超える水準であり、もう少し他人資本を有効活用すれば（あるいは、株主還元等によって自己資本を圧縮すれば）、他の２社と同様に、ROE10%超えが達成できるかもしれない。

インタレスト・カバレッジ・レシオ

企業は、毎期調達した外部資金に対して報酬を支払わなければならない。その報酬とは、社債や借入金等に対する利息である。業績の善し悪しにかかわらず、企業はまず債権者に対する当期の利息を期日どおりに支払わなければならない。その当期の利息の返済能力を直接問う指標が「**インタレスト・カバレッジ・レシオ**」（以下ICR）である。上述の流動比率、当座比率、自己資本比率、負債比率が貸借対照表（ストック）に基づく安全性の尺度であるのに対して、この指標は、損益計算書（フロー）に基づく安全性の尺度である。

ICRは、企業が支払わなければならない金融費用（支払利息や社債利息など）に対して、本業から得られた営業利益（あれば持分法による投資損益を加える）と、保有している金融資産から得られた金融収益（受取利息や受取配当金など）の合計額（これを「**事業利益**」という）で十分まかなえるかどうかを会計的に測る指標である。すき家の場合、金融費用に該当するのは、支払利息961百万円と社債利息63百万円の合計1,024百万円である。一方、営業利益は2,717百万円、金融収益は、受取利息1,676百万円と受取配当金7,004百万円の合計8,680百万円であるので、すき家のICRは次のように算定される。

$$ICR = \frac{\text{事業利益}}{\text{金融費用}} = \frac{2{,}717+8{,}680}{1{,}024} = 11\text{倍}$$

ICRの絶対的な基準は１である。かりにICRが連続で１を下回るようであれば、当該企業の利息支払能力に赤信号が灯る。すき家の場合、支払う必要がある利息の11倍の原資があるので、利息の支払能力はさしあたり問題がない。一方、表11－５をみると、くら寿司のICRは108倍、王将に至っては436倍である。両社の利息の支払能力は著しく高い。

すき家と王将のICRの差はどこから生じたのか。他人資本の利用程度の差である。表11－５で、すき家と王将の自己資本比率あるいは負債比率の差を確認してほしい。前述したように、黒字企業が他人資本の利用を推し進めると、（他の条件を所与として）ROEは上昇する。その一方で、他人資本の大部分が有利子負債であれば、（他の条件を所与として）ICRが徐々に低下していく。本業が傾き、最悪営業赤字に陥ってしまえば、固定的な支払利息の負担が企業の首を絞めることになるリスクがあることに十分注意しなければならない。

5　おわりに

本章では、公表された実際の財務諸表データを用いて、すき家、くら寿司、および王将の収益性と安全性を分析・評価した。３社はいずれもROEが10％前後の高収益企業である。分析の結果、「レバレッジのすき家、回転率のくら寿司、利益率の王将」という特徴が明らかとなった。回転寿司の本領を発揮して、くら寿司の総資本回転率は群を抜いている。王将の売上高純利益率の高さは、同社のコスト管理能力の高さを物語っている。一方、ゼンショー・すき家は、M&Aによって多くの業態をグループ内に抱えこむ成長戦略を推し進めている。同社の成長戦略上、他人資本の積極的な活用は不可避であり、その結果、ハイ・レバレッジ、高ROEがもたらされている。

その一方で、他人資本の利用が過度に進むと、長期的な債務返済能力に疑義が生じてくる。有利子負債が増えると、固定的な利子の支払いが大きな負担となり利益を圧迫する。自己資本と他人資本の構成割合は、企業の収益性と安全性の両側面に重要な影響をおよぼすことに注意しなければならない。

？考えてみよう

1．近年、海外の投資ファンドを中心に、日本企業に対して自己資本圧縮を求める動き（たとえば増配や自社株買い要求）がある。なぜこのような動きがあるのかについて考えてみよう。

2．2008年９月の金融危機を契機に、自己資本増強に走る企業が増えている。なぜこのような動きがあるのかについて考えてみよう。

3．ICRは、企業の安全性だけでなく収益性も同時にみることができるハイブリッドな尺度である。その意味について考えてみよう。

参考文献

桜井久勝『財務諸表分析（第８版）』中央経済社、2020年。

次に読んで欲しい本

S. H. ペンマン（荒田映子ほか訳）『アナリストのための財務諸表分析とバリュエーション（原書第５版）』有斐閣、2018年。

K. G. パレプ他（斎藤静樹監訳）『企業分析入門（第２版）』東京大学出版会、2001年。

第12章

利益構造の分析

1　はじめに

2　損益分岐点

3　損益分岐分析にみる利益構造

4　内部経営分析としてのCVP分析

5　おわりに

1 はじめに

会社は、ビジネスを行ううえで常に利益を考えている。このとき、好業績をあげるとともに、損失危険が低い企業構造を構築することが基本となる。このような構造を利益構造とよぶことにすると、利益構造とは、会社の利益業績や損失危険、逆にいうと安全性を規定する体質である。

利益は一般に売上高の増減に影響を受ける。また、その売上高も市場環境に左右されやすく不確実である。会社の安全性は、不確実性による損失危険の裏返しである。会計では、会社の安全性を知るために、会社の利益がゼロとなる売上高に注目する。この利益と損失の分かれ目となる売上高を**損益分岐点**（break-even point）といい、実際売上高と損益分岐点との差額部分が**安全余裕**とよばれる。また、利益を検討するには、売上高だけでなく費用にも注意を向ける必要がある。会社の原価構造は、売上高の変化を増幅して利益業績に影響を与える。つまり、利益を得やすい体質かどうかは、会社の原価構造にかかっている。たとえば、日本マクドナルド、ファーストリテイリングなど、低価格を追求しながらも成功している企業を思い浮かべてみるとよい。薄利多売のような低価格戦略の成功は、その企業の原価構造に裏付けられている。たとえば、シンプルな店構え、材料や商品の低価格仕入れ、業務費用の低減などが、原価構造に反映されている。

本章では、利益構造の分析を学ぶ。具体的には、ビジネス・リスクである売上変動や原価構造による利益業績への影響を分析するため、**損益分岐分析**を取り上げる。損益分岐分析は、CVP関係の分析の１つである。原価（cost)、売上高（volume)、利益（profit）の関係に着目するからである。損益分岐分析は、公表財務情報にもとづいて会社の外部から行われる分析（**外部分析**）だけではない。経営管理目的で会社内部の経営者や経理担当者などによって行われる分析（**内部経営分析**）にも使われる。「2　損益分岐点」、「3　損益分岐分析にみる利益構造」では外部分析の側面から、「4　内部分析としてのCVP分析」では内部経営分析の側面から、損益分岐分析を考えてみよう。

2 損益分岐点

損益分岐分析の基本的な考え方

損益分岐分析は、原価（費用）、売上高、利益の３つの関係に注目する。利益は式(1)で算定されるが、損益分岐分析で注目されるのは式(2)の利益ゼロ（損益トントン）の売上高である。この売上高を**損益分岐点**とよぶ。

売上高 − 費用 ＝ 利益　…(1)
売上高 − 費用 ＝ 0　…(2)
売上高 ＝ 費用　…(3)

固定費・変動費の分解

損益分岐分析では、さらに費用を売上高の増減との関係から**固定費**と**変動費**に分ける。その結果、式(4)が導かれる。固定費は売上高の変動に関係なく一定である。他方、変動費は売上高の変動に応じて比例的に増減する。たとえば、流通業の店舗の減価償却費は、売上高が増減しても一定額が発生するため固定費である。一方、売上品の仕入原価（売上原価）は、売上品の数量が倍になるとその金額が２倍となるため変動費である。

売上高 ＝ 変動費 ＋ 固定費　…(4)

図12－1であれば、売上高が100万円（販売数量100個）でも200万円（販売数量200個）でも、固定費総額は一定の60万円である。しかし、１個当たりの固定費は一定ではない。販売数量100個のときは１個当たりの固定費は6,000円、200個のときは3,000円となる。他方、変動費の総額は、売上高が100万円（販売数量100個）のときは40万円、200万円（販売数量200個）のときは80万円と比例的に増減する。しかし、１個当たりで考えると変動費は一定の4,000円となる。利益構造を分析する際には、「総額」とともに「１個当たり」に注目しなければな

【図12－1　固定費と変動費】

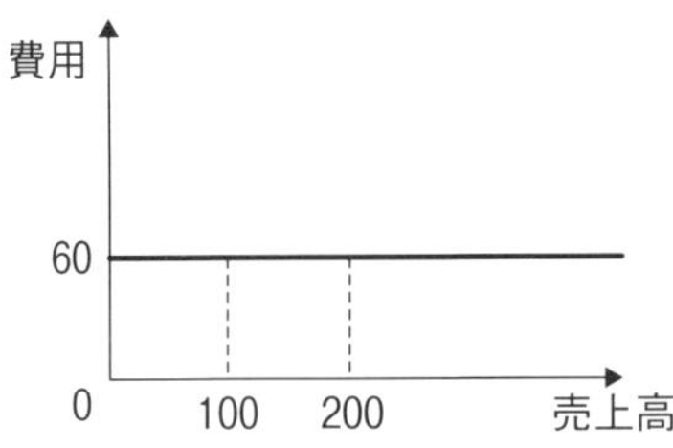

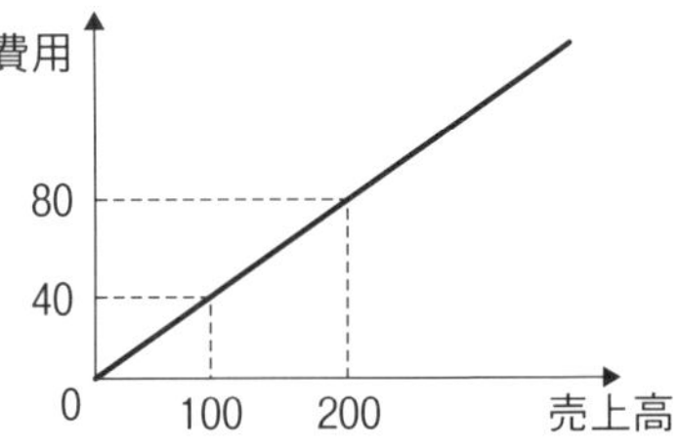

らない。

損益分岐分析を外部分析として行う際の前提：しまむらとユナイテッドアローズ

さて、具体的な企業を取り上げて、外部分析としての損益分岐分析を学ぶことにしよう。取り上げるケースは、株式会社しまむらと株式会社ユナイテッドアローズであり、ともに東証１部に上場しているアパレルの小売業である。

しまむらは衣料店チェーンストアを展開している会社である。主力のファッションセンターしまむらは全国に1,432店舗（2020年２月20日時点）があり、20代

【写真12－1　しまむら高松店（東京都練馬区）】

写真提供：株式会社しまむら

Column12 - 1

コスト・ビヘイビア

コスト・ビヘイビア（cost behavior）は、原価態様とも呼ばれる。コスト・ビヘイビアは、コストが経営活動にどのように関係し、どのような影響を受けるのかを表すものである。また、コストの発生に影響を及ぼす要因（コスト・ドライバー：13章のColumn13 - 2を参照）と関連づけて把握される。ただし、狭い意味ではコスト・ビヘイビアは操業度と原価との関係を指す。操業度は、営業量ともいわれ、測定される対象によって異なる尺度が使われる。代表的な測定尺度は、売上高（販売量）、生産量、直接作業時間、機械時間などである。

コスト・ビヘイビアの類型には、変動費、固定費、準変動費、準固定費がある。変動費の具体例として、直接材料費、仕入原価、販売手数料などが知られている。固定費の例には、定額法による減価償却費、賃借料、保険料などがあてはまる。準変動費は、固定費部分と変動費部分から構成される。この例として、基本料金と使用料金からなるガス代、水道代、電力料などがあてはまる。準固定費は、一定の操業度の範囲では固定的であり、その範囲を超えると急増して再び固定化するため、階段状に原価が発生する。準固定費の例としては照明費や監督者給料などがある。監督者は、固定的な給料であるが、１人で管理できる範囲は限られている。管理範囲を超えて人を追加することになれば、監督者給料は急増する。

上記の類型は、すべて「操業度の一定の範囲」（正常操業圏）をもとに直線的に費用が発生すると仮定している。また、操業度の変化がわずかな状況、非常に短い計画期間を対象とした場合には、多くのコストが固定費化しやすいことも知られている。このように原価を正確に変動費と固定費に分類することは難しいが、コスト・ビヘイビアを知ることは経営において重要である。なぜならば、コスト・ビヘイビアの理解によって、営業量の予測から発生する原価や利益を推測しやすくなるからである。

～50代の主婦とその家族をターゲットにデイリーファッションを提供する事業を展開している。しまむらでは、安心価格（良いものをお求めやすい価格）で商品をお客様に提供するために、店舗、仕入、物流、本社業務などすべての業務が高効率かつローコストの体制で運営されている。特に、アパレルメーカーからの仕入はセントラルバイイングによる完全買取りであり、低価格・高品質を維持している。また、しまむらは、小さな商圏を前提にしたドミナント出店戦略を展開していることで知られている。

ユナイテッドアローズは、国内外のデザイナーズブランドとオリジナル企画の商品（PB商品）を販売するセレクトショップの最大手の会社である。ユナイテッドアローズは、徹底的に磨き上げた「ヒト（接客・サービス）・モノ（商品）・ウツワ（施設・空間・環境）」を顧客に提供することで、経営理念「真心と美意識をこめてお客様の明日を創り、生活文化のスタンダードを創造し続ける。」の実現を目指している。企業グループの主力であるユナイテッドアローズは241店舗（2020年３月末現在）あり、多くは商業施設内に店舗を構えている。また、ファッションのトレンドや顧客層に対応できるように複数のブランド（ユナイテッドアローズ、ビューティ＆ユース ユナイテッドアローズ、ユナイテッドアローズ グリーンレーベル リラクシングなど）を展開している。

表12－１は、損益分岐分析を実施するために必要なデータである。損益分岐分析を行うには、費用を固定費と変動費とに分けなければならない。固定費と変動費に分解（原価分解）する方法には、実査法（勘定科目精査法）と統計的方法がある。原価分解を正確に行うには、会社内部の詳細なデータが必要となるため、基本的に外部分析では困難である。しかし、卸・小売業の場合、売上原価のほとんどが変動費であること、また販売費及び一般管理費の内訳（勘定科目）が入手できることから、ここでは実査法により原価分解を行う。

具体的には、販売費及び一般管理費のうち、賃借料、減価償却費、役員や従業員の人件費に関連する費目については、売上高の増減との関連性が低いので固定費とした。他方、広告宣伝や販売促進に関わる費目、業務委託費、荷造運搬費、支払手数料は、売上との連動が推測されるためにシンプルに変動費とした。その他の金額は固定費と変動費で２等分している。

なお、広告宣伝費や製造業にみられる研究開発費などは、本来、経営トップの意思決定で変更可能なコスト（ポリシーコスト）であるが、実務では前期実績をベースにして決定することが多く、変動費の性質を帯びている。さらに、固定費である費用項目であっても、期間を長くとると変動費のように増減は可能である点に注意が必要である。通常、原価計算期間は１ヶ月であるが、外部分析ではそのようなデータは入手できない。そのため、学習の便宜上、費目ごとに上述の簡便的な分類を用いることにした。

【表12－1　しまらむとユナイテッドアローズの業績と原価分解の内訳】

（単位：百万円）

	しまむら			ユナイテッドアローズ		
事業年度	2018年2月21日～2019年2月20日			2018年4月1日～2019年3月31日		
項目	総額	変動費	固定費	総額	変動費	固定費
売上高（営業収入含む）	546,944			158,918		
売上原価	372,219	372,219		77,158	77,158	
売上総利益（営業総利益）	174,725			81,760		
販売費及び一般管理費	149,274	36,672	112,602	70,696	20,524	50,173
営業利益	25,451			11,063		
合計		408,891	112,602		97,682	50,173

（注）有価証券報告書の連結損益計算書にもとづく。しまむらは、売上高に営業収入を含めており、営業総利益である。

（単位：百万円）

A．しまむら			
販売費及び一般管理費の内訳	総額	変動費	固定費
広告宣伝費	16,005	16,005	
給与手当	55,495		55,495
賞与引当金繰入額	2,216		2,216
執行役員賞与引当金繰入額	30		30
ポイント引当金繰入額	114	114	
退職給付費用	832		832
定時社員退職功労引当金繰入額	102		102
役員退職慰労引当金繰入額	1		1
執行役員退職慰労引当金繰入額	46		46
賃借料	33,327		33,327
その他	41,106	20,553	20,553
合計	149,274	36,672	112,602

（単位：百万円）

B．ユナイテッドアローズ			
販売費及び一般管理費の内訳	総額	変動費	固定費
賃借料	22,607		22,607
給与及び手当	16,191		16,191
業務委託費	4,344	4,344	
荷造運搬費	3,262	3,262	
広告宣伝費	2,873	2,873	
支払手数料	3,368	3,368	
減価償却費	1,859		1,859
賞与引当金繰入額	2,385		2,385
退職給付費用	454		454
その他	13,353	6,677*	6,677*
合計	70,696	20,524	50,173

＊　小数点以下を四捨五入している。

損益分岐分析の基本公式

損益分岐分析の基本公式は、式(4)から導かれる。まず、式(5)(6)のように変形できる。さらに、「変動費÷売上高」は**変動費率**とよばれるため、式(7)となる。

$$売上高 = \frac{変動費}{売上高} \times 売上高 + 固定費 \quad \cdots(5)$$

$$損益分岐点 = \frac{固定費}{1 - \dfrac{変動費}{売上高}} \quad \cdots(6)$$

$$損益分岐点 = \frac{固定費}{1 - 変動費率} \quad \cdots(7)$$

しまむらの損益分岐点は、下に示すように、約446,111（百万円）である。これに対して、ユナイテッドアローズのそれは約130,208（百万円）であり、しまむらよりも低い。

$$変動費率 = 408{,}891 \div 546{,}944 = 0.747592\cdots$$

$$損益分岐点 = \frac{112{,}602}{1 - 0.747592} \approx 446{,}111$$

損益分岐図表

しまむらの損益分岐の関係を図に示すと、**図12－2**の**損益分岐図表**(breakeven chart）となる。横軸は売上高（営業量）、縦軸は売上高・費用である。総費用線は、固定費に変動費を足し合わせたものとして描かれる。この総費用線と売上高線の交わる点が損益分岐点である。

また、式(4)は「売上高－変動費＝固定費」と変形できる。この式から、損益分岐点は、売上高から変動費を引いた値が固定費と同じ値となる点であることが分かる。すなわち、変動費と固定費の総額は損益分岐点となる売上高で回収される。売上高から変動費を差し引いた金額は「**限界利益**」とよばれる。また、「限界利益÷売上高」は「**限界利益率**」となる。限界利益率は、「１－変動費率」によって算出することができるため、式(7)は式(8)となる。なお、**表12－2**に示すように、限界利益率はしまむらよりユナイテッドアローズが高い。

$$損益分岐点 = \frac{固定費}{限界利益率} \quad \cdots(8)$$

【図12－2　しまむらの損益分岐図表】

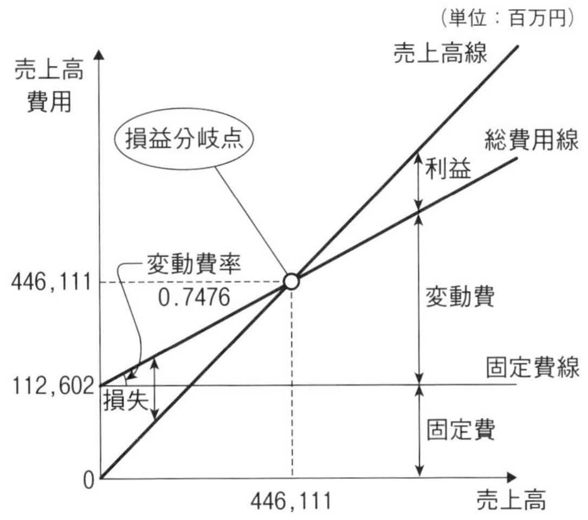

【表12－2　しまむらとユナイテッドアローズの業績　(2)】

	しまむら	ユナイテッドアローズ
変動費率（%）	74.76%	61.47%
限界利益率（%）	25.24%	38.53%
損益分岐点（百万円）	446,111	130,208

3 損益分岐分析にみる利益構造

限界利益率の高さが、必ずしも好業績をもたらす利益構造を意味するわけではない。また、損益分岐点は、業界や企業規模などによってかなり影響を受ける。これを理解するために、2つの特徴的な損益分岐図表をみてみよう。

資本集約型企業と労働集約型企業の損益分岐図表

２つの損益分岐図表を**図12－３**に示す。図12－３(a)は固定費の割合が高く変動費率の低い資本集約型企業の例である。他方、図12－３(b)は固定費の割合が低く変動費率の高い労働集約型企業である。

損益分岐分析の基本公式(7)では、分子は固定費であった。分子の固定費が大きければ、損益分岐点を超えるには、その分、売上高が大きくなければならない。両方の図を比較してみると、固定費の割合の高い図12－３(a)は、固定費の低い図12－３(b)より損益分岐点が右に位置している。したがって、資本集約型企業は、損益分岐点を超えるのに、労働集約型企業以上の売上高を必要とする。しかし、資本集約型企業は、限界利益率も大きいため、売上高の変動を増幅して利益獲得額も大きくなる。したがって、ハイリスク・ハイリターンであるといえる。

【図12－３　特徴的な２つの損益分岐図表】

(a) 資本集約型企業

売上高
原価
利益
損益分岐点
損失
変動費
固定費
売上高

(b) 労働集約型企業

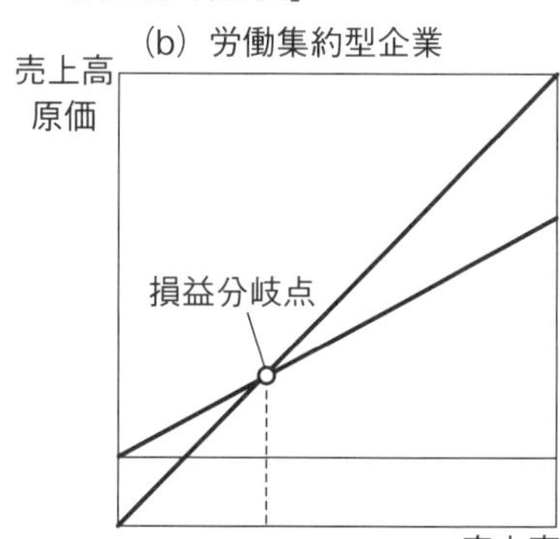

資本集約型あるいは労働集約型と区別するのに使われる固定費割合は、業界ごとに類似している。したがって、損益分岐分析を外部分析として行う場合は、同業種であることが望ましい。同様に、外部分析では、企業規模や立地条件なども類似していることが望ましい。たとえば、しまむらとユナイテッドアローズのケースでは、企業規模の違いを反映してユナイテッドアローズの損益分岐点のほうが低い。しまむらの売上高に占める固定費割合（約21％）はユナイテッドアローズ（約32％）より低いにもかかわらず、企業規模から固定費総額は大きくなっている。このため、

Column12－2

オペレーティング・レバレッジ

オペレーティング・レバレッジ（operating leverage）は、営業レバレッジないし経営レバレッジともいわれる。このレバレッジ係数は、営業量（売上高など）の変化が営業損益に与える影響の程度を意味し、［レバレッジ係数＝営業損益に占める変化額の割合÷売上高に占める変化額の割合］である。また、レバレッジ係数は、単純化すれば「限界利益÷営業損益」の絶対値である。このレバレッジ係数を使用すると、売上高の増減による営業利益の増加額を計算できる。その式は［営業利益の増減額＝営業利益×売上高増減率×レバレッジ係数］である。

レバレッジは、力学の「梃子（てこ）の原理」と同じ意味である。原価構造により、売上高の変化が営業損益の変動率に与える影響の程度は異なる。梃子は支点を必要とするが、オペレーティング・レバレッジの支点は固定費によって決まる。レバレッジ係数の高い会社（固定費・大－変動費率・小）は、売上高がわずかに増えても営業利益が大きく増える。他方、レバレッジ係数の低い会社（固定費・小－変動費率・大）は、売上高の変化が営業利益に与える影響の程度は小さい。

	Ａ社		Ｂ社	
売上高	100	110	100	110
変動費	60	66	20	22
限界利益	40	44	80	88
固定費	20	20	60	60
営業利益	20	24	20	28
レバレッジ係数	2	1.8	4	3.1

たとえば、売上高100の場合、レバレッジ係数はＡ社［40÷20＝２］、Ｂ社「80÷20＝４」である。仮にこの時、Ａ社とＢ社の売上高が10％増加したとすると、営業利益の増加額はＡ社［20×0.1×２＝４］、Ｂ社「20×0.1×４＝８」となる。よって、同じ売上高10％の増加でも、Ｂ社の営業利益の増加額はＡ社の２倍である。

さらに、オペレーティング・レバレッジは、実際の販売量が損益分岐点から離れるほど、その係数が小さくなる。このため、営業損益の変動リスクの大きさを表す指標である。

しまむらの損益分岐点はユナイテッドアローズよりも高い。

損益分岐比率と安全余裕率

損益分岐分析では、売上の急減など市場環境の不確実性から生じる損失危険を分析する。そのための財務指標が**損益分岐比率**であり、式(9)のように表される。また、**安全余裕率**も同様の指標として利用され、「1－損益分岐比率」により算出される。

$$\text{損益分岐比率} = \frac{\text{損益分岐売上高}}{\text{予定（実際）売上高}} \quad \cdots(9)$$

しまむらとユナイテッドアローズのデータを用いて計算すると、損益分岐比率と安全余裕率は**表12－3**のようになる。また、ユナイテッドアローズの損益分岐図表を描けば、**図12－4**のようになる。図のcの部分が安全余裕の部分である。損益分岐比率は「b／a」、安全余裕率は「1－b／a」すなわち「c／a」となる。

限界利益率はユナイテッドアローズのほうが高かったが、安全余裕率はほぼ同じであり、損失危険について両社に大差はない（表12－3）。当然、限界利益率が高くても売上高が伸びなければ、営業利益は増えない。さらに、景気の後退などにより売上が減ると、限界利益率が高い分、営業利益の下振れも大きくなる。しかし逆に、限界利益率が高ければ、売上増加による営業利益の上振れも大きいことになる。

【図12－4　ユナイテッドアローズの損益分岐図表】

（単位：百万円）

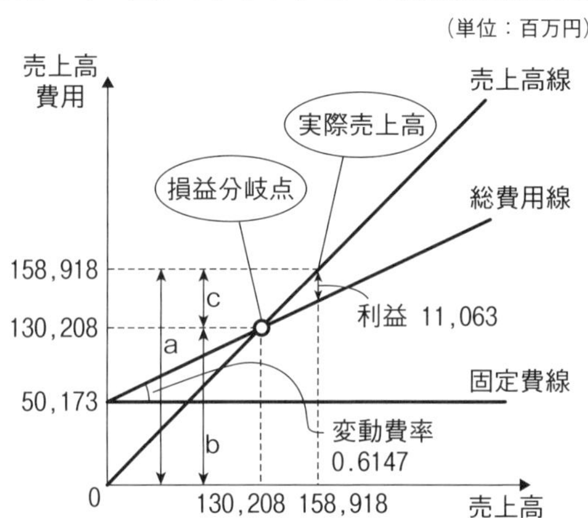

【表12－3　しまむらとユナイテッドアローズの業績 (3)】

	しまむら	ユナイテッドアローズ
損益分岐比率（%）	81.56%	81.93%
安全余裕率（%）	18.44%	18.07%
安全余裕（百万円）	100,833	28,710

競争戦略と利益構造

外部分析にもとづく両社の利益構造は、業態や競争戦略などの違いを反映している。

しまむらは、限界利益率（ならびに売上総利益率（粗利益率））が低いという利益構造であったが、これには薄利多売をベースにした低価格戦略が反映している。しまむらは、アパレルメーカーからほとんどの商品を仕入れている。完全買取りかつ一括購入であるため、トレンドの商品を高品質かつ低価格で仕入れることができている。しまむらは、原則、仕入分のみを売り切るため、顧客にとって購入商品が他人と重なるということが少ない。買い取った商品は、最後の１枚まで売り切るように、売れる店舗へと次々と移動させており、売れなかった場合に発生する廃棄ロスが徹底的に削減されている。

店舗間移動により、店頭の商品が頻繁に入れ替わることは、売り場のイメージを変えることになり、顧客を飽きさせないことにつながる。店舗間移動には物流コストがかかることになるが、しまむらはドミナント出店を行っているため、特定地域内の店舗間距離が短く、そのコストを抑えている。加えて、自前の商品センターによって省人化・高速処理を可能とする独自の物流技術の構築・活用しており、これがしまむらの強みの１つとなっている。

他方、ユナイテッドアローズは、セレクトショップ大手であるが、仕入商品だけでなく創業間もない時代からPB商品の開発にも力を入れている。通常、ブランド商品の仕入原価は一般商品に比べて高いため、セレクトショップの利益率は低くなりがちであるが、同社はPB商品を取り揃えることで高い利益率を確保している。実際に、主力ブランドの１つであるユナイテッドアローズ グリーンレーベル リラクシングは、PB商品が全体の約７割を占め、洗練されたシンプルなデザインで高品質でありながら、手に取りやすい商品価格であるとして20代～40代を中心に広く支持されている。

同社の戦略は、商品の安さの追求にはなく、ファッション感度の高い顧客への価値提供にある。顧客本位のもと、よい接客、よい商品、よいお店づくりを実践しようとしている。特に、多くの実店舗は、お洒落な店舗デザインであるだけでなく利便性の高い商業施設に入るなど、店づくりにコストをかけている（賃借料から固定費の割合が高くなる）。なお、同社は、ネット通販にも力を入れているが、自社ECサイトだけでなくECモールにも出店している。通常、ECモールには、その商品取扱高に応じた委託料が支払われることになる。

【写真12－2　ユナイテッドアローズ グリーンレーベル リラクシング ルミネ新宿店】

写真提供：ユナイテッドアローズ

以上のように、しまむらは薄利多売を可能とする利益構造を構築し、他方、ユナイテッドアローズはセレクト編集力や商品企画力のもと高品質の商品を適正価格で販売できるようにコストをかけている。このように事業の利益構造を把握することは、戦略を実現する経営管理において重要である。次節では、内部経営分析として実施される損益分岐分析を説明する。

4 内部経営分析としてのCVP分析

利益計画と損益分岐点の引き下げ

経営戦略を実現するためには、まず目標利益を設定し、その目標と現状のギャップを把握しなければならない。利益計画は、このギャップを埋めるよう購買・生産・販売といった全社の業務活動を総合調整した計画である。利益計画の策定では、まず目標利益の達成に必要な売上高（販売価格×販売数量）を見積る。しかし、売上高は不確実性が高いため、目標利益達成のためにさまざまな方策が検討される。このような場合、企業はCVP分析を行う。先にも述べたように、CVP分析とは、原価（cost）、売上高（volume）、利益（profit）の関係に注目し分析をする。

まず、目標利益額は式⑽⑾によって計算される。また、利益を上げる方法には、売上高を伸ばすこと、あるいは原価を下げることの２つがある。ただし、売上高には、値段を上げれば売れる数量が減るというように、価格と数量に一定の関係がある。他方、原価の切下げは、「変動費率を下げること」と「固定費を下げること」である。

売上高 ＝（変動費＋固定費）＋ 目標利益額　…⑽

目標利益額 ＝ 売上高 － 変動費 － 固定費　…⑾

【図12－5　安全余裕率の変化（損益分岐点の引き下げ）】

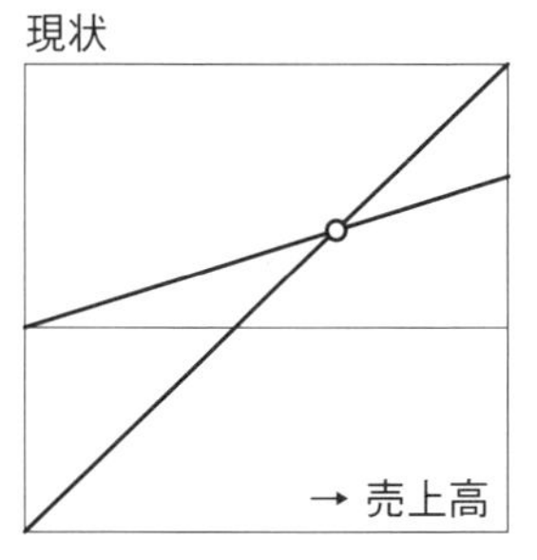

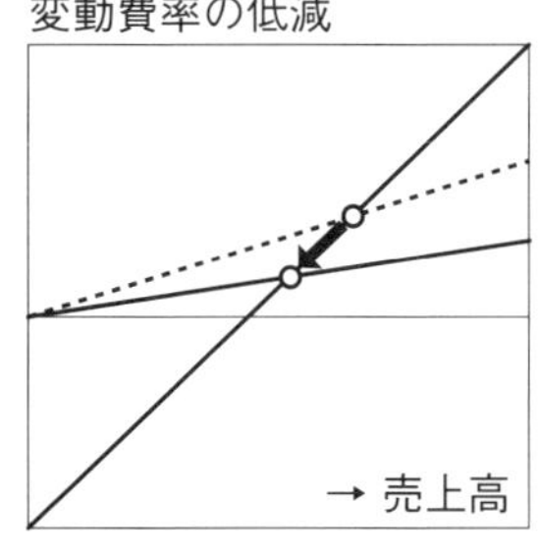

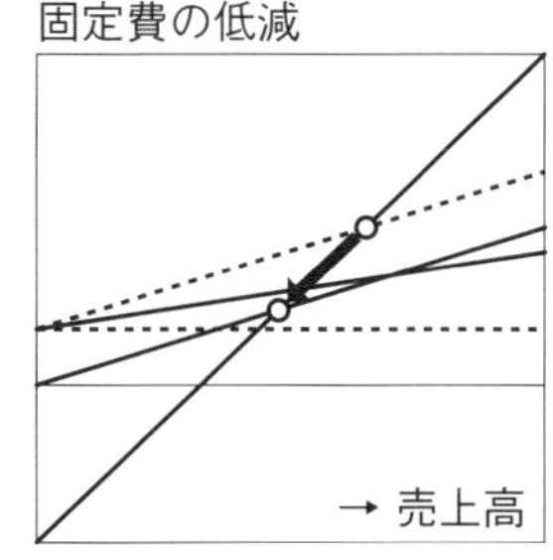

図12－5のように、変動費率の低減・固定費の低減によって、少ない売上高で損益分岐点に到達できるようになる。損益分岐点が低くなれば、その分、自社の利益構造の安全性は高まり、好業績の利益構造へとつながる。また、自社の損益分岐点の状況や推移を把握し、競合他社と比較することは、利益計画の基本である。この点を次のケースで確認しよう。

利益構造の変革

メガネの販売事業を営む会社が、利益計画を策定している場面を想定しよう。同社のマーケティング部の調査により、メガネをファッション・アイテム（アイウェア）として使い分ける顧客が多いことが明らかになった。そこで同社は、このような顧客に年に数個のメガネを購入してもらえる低価格戦略案を検討することにした。

データによれば、変動費の大半は商品仕入に伴うものである。そこで、メガネのフレームは、他社ブランドをやめ、自社デザインで人件費の安い海外企業に発注することにした。また、レンズもメーカーからまとめ買いすることにした。この結果、1個当たりの変動費（商品の仕入価格）は3,000円にまで低減できそうである。固定費は、店舗の賃貸料を除くと、多くは人件費である。そこで人件費の削減のために、過剰な接客サービスを減らすことにした。フレーム選びを顧客に任せることにする。検眼も顧客が今の度数でよければ省略する。このような取り組みで余剰となった人員を他事業に配置換えすることができ、固定費は2,500,000円に抑えられそうである。販売価格は思い切って10,000円均一とし、この戦略を成功させることで、営業利益を今の3倍強の1,000,000円にしたい。現状の実績データと利益計画上の代案をまとめると**表12－4**の通りである。

実績データの原価構造のままで変更がない場合の損益分岐売上高と安全余裕率を求めると、次のようになる。

変動費率(%)＝1,750,000円÷5,000,000円×100%＝35（%）
限界利益率(%)＝100%－35%＝65（%）
損益分岐点(円)＝2,925,000円÷65%＝4,500,000（円）
安全余裕率(%)＝（5,000,000円－4,500,000円）÷5,000,000円×100%
＝10（%）

代替案によって、損益分岐点と安全余裕率はどのように変化するだろうか。まず、

【表12－4　あるメガネ店の利益計画】

[実績データ]		[代案]
売上高　5,000,000円		売上高　？円
販売価格　25,000円／個		販売価格　10,000円／個
販売数量　200個		販売数量　？個
変動費　1,750,000円	➡	変動費　？円
1個当たりの変動費　8,750円		1個当たりの変動費　3,000円
固定費　2,925,000円		固定費　2,500,000円
営業利益　325,000円		目標営業利益　1,000,000円
売上高営業利益率　6.5％		目標売上高営業利益率　？％

目標営業利益を達成するために必要な販売数量X個を求めてみよう。

目標営業利益1,000,000（円）
＝売上高10,000X（円）－変動費3,000X（円）－固定費2,500,000（円）

この式を解くと、販売数量Xは500個（現状の2.5倍）となる。したがって、売上高5,000,000円、変動費1,500,000円、営業利益率20％となる。このとき、損益分岐点と安全余裕率は次のようになる。

変動費率（％）＝1,500,000円÷5,000,000円×100％＝30（％）
限界利益率（％）＝100％－30％＝70（％）
損益分岐点（円）＝2,500,000円÷70％＝3,571,428.57…（円）
安全余裕率（％）＝（5,000,000円－3,571,429円）÷5,000,000円×100％
＝28.57…（％）

代替案のように利益構造を変革できれば、損益分岐点が下がり、安全余裕率も高めることができる。

5 おわりに

この章では、利益構造の分析する外部分析と内部経営分析として、損益分岐分析を解説した。

しかし、外部分析では、変動費と固定費を分けるのに詳細なデータがなかなか手に入らない。そのため、実務では費目別に業界平均の固定費・変動費の割合を用いて分析を行うなどしている。

経営者視点の内部経営分析としての損益分岐分析は、大変、有用である。会計を通じて原価構造・利益構造を知らなければ、経営戦略を練ることも利益計画を策定することもできない。

損益分岐点を下げるには、それがたとえ1%の変動であったとしても、組織的な努力が必要である。つまり、会社にとっては、利益計画を策定するだけでなく、それを実施するための仕組みをつくらなければならない。それが第13章「経営管理と会計」のテーマとなるPDCAサイクルである。

?考えてみよう

1. 損益分岐分析は、利益構造の分析として、どのように役立つのかを考えてみよう。

2. 同一業界で低価格戦略を採用している会社と高付加価値戦略（差別化戦略）を採用している会社を調べて、その利益構造について考えてみよう。

3. 格安パック旅行が可能になる理由を、航空、ホテルなど関係する会社の原価構造・利益構造を想定して考えてみよう。

参考文献

桜井久勝『財務諸表分析（第8版）』中央経済社、2020年。

次に読んで欲しい本

谷　武幸『エッセンシャル管理会計（第3版）』中央経済社、2013年。

小林啓孝『エキサイティング管理会計』中央経済社、2008年。

國部克彦・大西　靖・東田　明『1からの管理会計』碩学舎、2020年。

第13章

経営管理と会計

1　はじめに
2　家計にみるPDCAサイクル
3　原価を引き下げる
4　おわりに

1 はじめに

会計は、第1章で述べたように、経営管理にも使われる。経営管理のための会計が**管理会計**と呼ばれることもすでに説明した。

管理会計の学習を考えると、会計の知識を学ぶのも大変なのに、さらに経営管理もですか、という声が聞こえてくる。しかし、管理会計は、家計を考えるとイメージしやすい。そこで、本章では、第2節において、サラリーマン家庭における家計を例として、管理会計が対象とする経営管理のプロセス、つまり**PDCAサイクル**を解説する。PDCAとは、計画（plan）、執行（do）、チェック（check）、アクション（action）を指しており、それぞれの頭文字をとっている。

第3節では、PDCAサイクルが最も単純な管理会計のシステムを取り上げる。**原価管理**と呼ばれるシステムがそれである。メーカーのものづくりを考えると、アウトプットの製品を作るのに、鋼材や塗料などの材料がインプットとして必要である。また、材料を加工したり組み立てたりするのに、労働力がインプットされるし、電気・ガス・水などが必要とされる。企業が、最小のインプットから最大のアウトプットを得たいと望むのはきわめて自然である。原価管理はまさにこれに応えるために、20世紀の初頭に生成した管理会計システムであった。

2 家計にみるPDCAサイクル

計画を立てる

家計を預かっている人は、家計簿を使って、家計のやりくりをしている。「家計簿」が会計に、「家計のやりくり」が経営管理にあたる。この意味では、家計を預かる人は管理会計を実践しているといってよい。それでは、家計をやりくりするのに、どんなステップを踏んでいるのであろうか。**図13－1**のPDCAサイクルを使って説明する。

まず、家計を預かっている人は、毎月の収入に対して、主食費、副食費、嗜好品

【図13－1　PDCAサイクル】

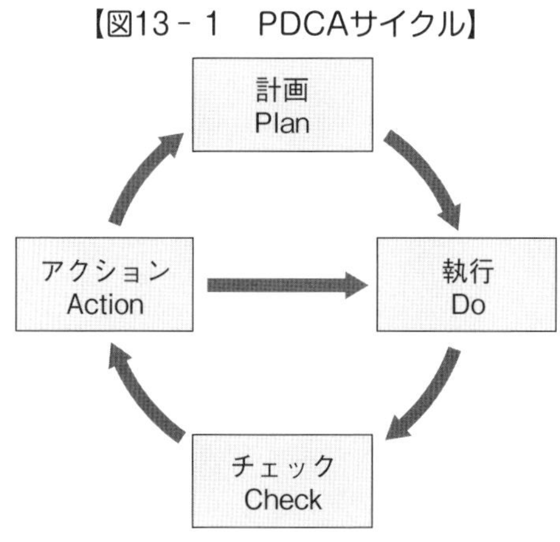

費、衣料品費、家賃、預金などにどれだけ支出するかについて、目標なり基準をもっている。前月までの実績がこの目標に使われることもある。しかしながら、実績は参照することがあったとしても、支出金額の目標のベースとなるのは、「××年を目標に○○万円程度のマンションを購入したい」とか、「子供の教育費を考えて、高校入学までには、△△万円は貯金しておきたい」などの方針である。この方針に基づいて、毎月の預金の目標、さらには各費目の支出目標（予算といってもよい）が計画される。また、場合によっては、上記のような方針から、収入を補うため、パートにでることが計画されたりする。

このステップが管理会計におけるPDCAサイクルのPにあたる。Pはplanの頭文字であり、経営管理の中でも**計画**と呼ばれる活動である。このときに重要なのは、家計における収支の計画が方針に基づいて行われていることである。これは管理会計におけるPDCAサイクルでも同じである。企業の長期の目的や経営戦略を方針として、計画が行われるのである。長期の目的とは、長期の利益目標や成長目的である。これに対して、**経営戦略**とは、「企業の長期的な目的を達成するための将来の道筋を、企業環境とのかかわりで示した長期的な構想」（加護野忠男・吉村典久編著『１からの経営学（第２版）』、碩学舎、2012年、31頁）である。

家計の場合も、マンションを購入したいという構想をもったとしても、その実現に向けて一歩踏み出さないと、構想は「絵に描いた餅」に終わってしまう。構想の実現には、構想を具体化する行動をあらかじめ計画しておかなければならない。この家計の場合、毎月の預金目標を確保することを念頭において、毎月の収入に対して各費目の予算を設定していた。

企業の場合にも、たとえば主力事業の売上悪化に対応して、新規事業の立ち上げを構想したとする。しかし、これを実現するには新規事業の開発体制をめぐって要員計画さらには資金計画を立てた上で、実際に新規事業開発に投下する資金を予算によって関連部門に配分しなければならない。

この点は管理会計におけるPDCAサイクルの役割を考えるにあたって重要である。つまり、管理会計の役割は経営戦略の実現にある。経営戦略の実現は戦略実施といわれることが多いので、管理会計は戦略実施のシステムであるといってよい。

計画を執行し、到達度をチェックしてアクションを起こす

家計におけるPDCAサイクルに話を戻すことにしよう。計画のステップが終わると、図13－1に示したように、Dの**執行**のステップに入る。計画をガイドラインとして、これから逸れないように、主食、副食、嗜好品、衣料品、家賃などに支出するとともに、預金を確保する。また、収入面ではパートを確実にこなし、給与収入を補っていく。

このステップは、企業の場合にも基本的には同じである。ただし、企業の場合には、執行に関わる人の数が多いだけに、執行の体制作りにさまざまな仕組みが必要とされる。この点は、次節で述べる。

図13－1をみると、執行の次のステップはCの**チェック**である。上述のように、計画をガイドラインとして執行していくが、収支が計画どおりになっているかどうかを月の途中で確かめておかないと、月末近くになって、やりくりに支障をきたす結果となることがある。そこで、家計簿の収入欄と支出欄との差額の残高欄を毎日チェックするとともに、たとえば10日ごとに収入の種別、支出の種別に集計を行う。これにより、家計が計画どおり進んでいるか、また計画との違いがどこで生じているかを確認する。

家計が計画どおりに執行されているかどうかを途中でチェックするのは、収入不足や使いすぎを適時に認識し、計画の実現に向けてAの**アクション**をとるためである。たとえば、残業が減って、収入が計画より減少すると、パートで補ったり、一部の出費の節減を検討したりする。アクションが決まると、図13－1においてアクションから執行への矢印が示すように、アクションが実行に移される。

さらに、1か月の計画期間が終わると、この期間における計画と実績との差（差異という）やアクションに関する情報を活かして、次月の計画を立てる。これを

Column13－1

マネジメント・コントロール

管理会計が対象としているPDCAサイクルはマネジメント・コントロールと呼ばれる戦略実施のプロセスである。定義しておくと、マネジメント・コントロールとは、PDCAサイクルを回すことにより、経営管理者が戦略実施を図るプロセスをいう。ここにおいて、「経営管理者が戦略実施を図るプロセス」としたことが重要である。その理由を説明することによって、マネジメント・コントロールの特徴を明らかにしよう。

マネジメント・コントロールのプロセスには人が介在する。機械的ではなく、戦略を実施するのも、計画を立て、これを執行したり、計画の進行をチェックしたり、アクションを取ったりするのもすべて人である。したがって、第1に、マネジメント・コントロールのプロセスにおいて、戦略実施に向けて人々をどのように動かすことができるのかという問題が生じる。これがモチベーションの問題である。戦略実施に向けて、経営管理者が人々を動かすよう図らなければならないのである。

第2に、人々の集合体としての組織はさまざまな部門に分けられるとともに、上はトップからミドル、下はロワーまで階層をなしている。したがって、戦略の実現にはさまざまな階層の部門を取りまとめなければならない。トップからロワーまで、経営管理者はその部下の行動を取りまとめて、戦略実施を図らなければならないのである。

フィードバックという。このように、PDCAはループを形成しているため、PDCAサイクルと呼ばれる。

3 原価を引き下げる

原価管理とは何か

以上の説明により、管理会計におけるPDCAサイクルが理解できたと思われる。そこで次に、管理会計のシステムのなかでも最も仕組みが単純な原価管理を取り上

【写真13－1　Let'snoteの組立ライン】

写真提供：パナソニック株式会社コネクティッドソリューションズ社神戸工場

げて、会計情報が原価管理にどのように使われるかを説明する。

まず、原価の意味から説明する。製造業において、そのアウトプットの製品（サービスを含む）を生産するには、さまざまな財やサービスをインプットしなければならない。たとえば、パソコンの生産にはMPU、メモリー、基板、HDD、DVDドライブなど種々の材料が必要である。また、MPUやメモリーなどを基板に実装したり、さまざまな部品を組み立ててパソコンを作るのに労働力が使われる。さらに、実装には実装機をはじめとした設備が必要であるし、設備稼働には設備の保守や電力などのサービスがインプットされる。

写真は、パナソニック株式会社のノートパソコン「Let'snote」の組立ラインを示している。このパソコンは同社のコネクティッドソリューションズ社・神戸工場において、高品質を実現するため、実装から組立まですべて国内で生産されている。

上例で示した材料、労働力や設備の利用などのインプットは、アウトプット生産のための財やサービスの消費といえる。これを貨幣価値で評価したものが、**原価**である。正確には、アウトプットの製品の製造原価である。要素別に分類すると、製品の製造に要する材料の消費高が材料費、労働力の消費高が労務費、その他の財・サービスの消費高が経費である。

経営上は、最小のインプットで最大のアウトプットを生産できれば、原価を引き下げることができる。つまり、能率を概念的に次式で定義しておくと、能率の上昇とは、対アウトプットでインプットが減少し、原価が下がることを意味している。

$$能率 = \frac{アウトプット}{インプット} \times 100$$

能率を上げるのにはさまざまな方法がある。しかし、管理会計のシステムのうち、最も早く20世紀初頭に生成したのは、**作業能率の増進による原価引下げ**であった。これが原価管理のシステムである。作業能率の増進とは、製造作業中に生じる作業屑(くず)、仕損(しそんじ)（良品とならない「できそこない」）や減損(げんそん)（作業中に生じる材料などの損耗）を削減したり、作業時間を短縮したりして、材料や労働力などの消費を少なくすることをいう。ただし、原価管理が対象とするのは、製品設計、設備、工程設計など、原価発生の条件を所与としたもとで、作業能率を増進することである。

原価管理におけるPDCAサイクル

次に、原価管理のプロセスを**図13－２**に従って説明する。第１ステップはPの**原価標準の設定**である。これは前節で述べたような計画というよりは、業績目標の設定といったほうが正確である。原価標準は、通常、１台、１Kg、１ロットといった製品単位当たりについて設定される。しかも、原価管理を担うのは、コストセンターつまり下から順に、班・係、課、製造部といった製造部門であるので、これらの製造部門別に原価標準が設定される。コストセンターと呼ばれるのは、部門の責任がコスト（原価）で測定されるからである。

【図13－２　原価管理におけるPDCAサイクル】

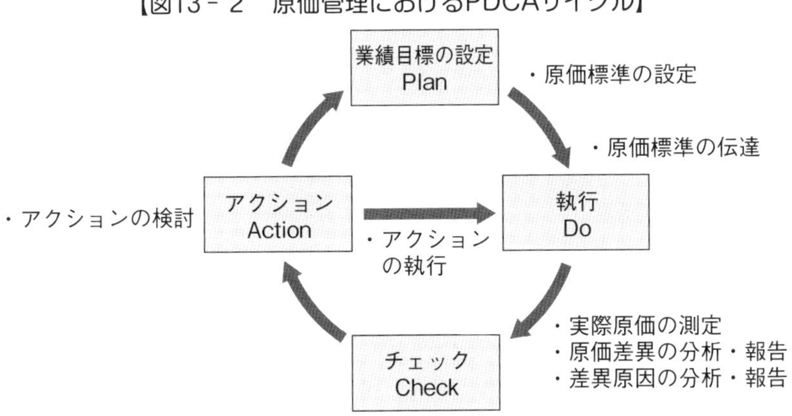

Column13－2

コスト・ドライバー

原価は作業能率以外のさまざまな要因の影響を受ける。これらの要因は原価作用因またはコスト・ドライバーと呼ばれる（ABC/ABMにおいて、間接費を配賦する基準の意味でコスト・ドライバーということがある）。

これらの要因としては、①原価要素の価格（材料価格や賃率など）、②操業度（操業度が低いと、固定費の負担が大きくなる）、③設備（設備が近代化すると、能率がよくなる）、④工程設計（工程を変えると、作業がやりやすくなったりする）、⑤製品設計（使用する材料、作業方法などが製品開発のプロセスで決まってしまう）などを挙げることができる。

原価標準の設定が終わると、この標準が製造部門に伝達される（原価標準の伝達）。各製造部門では、Dのステップにおいて、製造指図書により生産指令が下りてくると、必要な材料を手配し、必要な人員を配置して生産を開始する。

Cのステップでは、実際原価が集計される（実際原価の測定）。集計が終わると、**原価差異**が把握され、その差異が分析される（原価差異の分析・報告）。原価管理の事務局では、差異の原因分析を行う（差異原因の分析・報告）。この報告頻度は、通常、現場に近いほど日次や週次となる。現場では、差異原因の発生にできるだけ近い時点で差異を把握することが、的確かつ迅速なアクションにつながるからである。

原価管理の前提条件を整備する

以上のプロセスを説明する前に、原価管理の実施の前提条件を示しておく。責任・権限関係の明確化、スタッフ組織の整備や原価報告書の整備などの条件もあるが、特に重要なのは以下の２つである。

第１は、作業または製品の標準化である。製品に対する作業内容がその都度異なると、作業手順が決まらない。同一作業を反復的に行うことによって作業手順が確立し、標準となる作業時間を設定できる。製品自体を規格化・標準化できれば、製品の製造に必要なさまざまな作業を標準化でき、作業手順を確立できるので、作業時間の標準を設定できる。製品を規格化・標準化できるのは、標準製品を見込生産している場合である。消費財のほとんどがこの生産形態で作られている。また、産業財の場合も、カタログに掲載された標準規格製品については、製品が標準化されているので、原価管理を適用できる。

問題は、顧客からの注文を受けて、顧客仕様の受注品を生産する場合である。しかし、受注品といっても、造船や建設などの場合、個別の作業にまで分解してみると、作業を標準化できる部分がある。この部分には原価管理が適用可能である。要するに、作業の標準化が原価管理の前提条件である。

第２の前提条件は、標準のタイトネス（厳しさ）を考慮しなければならないことである。原価管理には組織構成員としての人が関与するため、組織構成員のモチベーションやコミットメントに対して標準のタイトネスがどのような影響を与えるかを考慮しなければならない。原価管理における標準のタイトネスについては、努力すれば達成可能な標準が望ましいと考えられている。

タイトネスに基づいて標準原価を分類すると、理想標準原価と現実的標準原価の２つがある。**理想標準原価**は、設計図どおりに生産した場合の消費量に、設計上不可避的に生じる減損や作業屑を加味して設定される。このような物理的に回避できない減損や作業屑の他に、人的作業であるため発生する減損や作業屑、それに仕損もある。これに対する余裕をまったく含まないのが理想標準原価である。これはいくら努力しても達成できないタイトネスに設定されているため、現場の構成員のコミットメントを得ることはできない。

これに対して、**現実的標準原価**は、人的作業であることから生じる減損、作業屑や仕損に対する余裕を組み込んでいる。かといってすぐに実現できるほど容易な目標ではない。達成に努力が必要なチャレンジングなレベルに設定される。このレベルが構成員のコミットメントを確保するのに適しているとされる。現実的標準原価は、良好能率のもとで達成可能な標準ともいわれる。

直接材料費を管理する

以下では原価管理のプロセスを詳細に述べる。ただし、管理の対象となる原価の範囲を直接材料費に絞って説明を加える。**直接材料費**とは、製品の製造に関して直接的に認識可能な材料費をいう。製品の主な構成部分となる素材の消費高つまり素材費や、そのまま製品にとりつけられる部品の消費高つまり買入部品費などがその例である。これらの材料は、どの製品のいくらの数量の製造に消費したかを直接把握できる。これに対して、ヤスリやハンマーなど、耐用年数が短く、単価の安い工具・器具・備品の消費高（消耗工具器具備品費）は、製品の製造に対して直接認識できないため、間接材料費となる。

⑴ 直接材料費標準の設定

図13－2に従うと、直接材料費標準の設定が第1ステップである。これは、各製造部門について、直接材料の種類別に製品単位（1台、1Kg、1ロットなど）当たりの直接材料の消費量標準に予定消費価格を掛けて設定される。

予定消費価格は、原価管理の目的が作業能率増進による原価引下げにあるため、タイトネスでいうと、予算上の予定価格の水準に設定される。もちろん、購買先や購買ロットなどが適正に選定されているという条件下で予定消費価格が設定されなければならない。これらは、購買部門の管理項目である。

これに対して、**材料消費量標準**は、材料消費量が作業能率増進による原価引下げの焦点であるため、タイトネスのある現実的標準のレベルに設定される。その設定の方法には、経験的分析法や試作法もあるが、ここでは技術的研究法を取り上げて説明する。

この方法では、設計図や物理法則に基づいて評価された材料所要量がベースとなる。ただし、これは設計上回避できない減損や作業屑も含まないので、この部分を組み込んで理想標準が設定される。これを組み込むには、材料の品質、生産方法、生産ロットサイズなどの条件を確定した上で、技術的方法を用いて材料所要量を決めなければならない。たとえば、コンピュータシミュレーションにより、作業屑が最小となるように材料のカッティングの方法が決まると、このときに算定された作業屑量を考慮して材料所要量が算定される。ただし、これは理想標準のレベルに設定された所要量である。

現実的標準の水準に設定するには、**標準歩留率**（ぶどまり）の設定が必要である。歩留率とは、製品における直接材料の含有量を直接材料の投入量で除した率をいう。投入量と含有量との差は、投入した直接材料のうち、仕損・減損・作業屑等となり製品に含有されない部分であり、歩減（ぶべり）と呼ばれる。歩留率は直接材料に関する能率の尺度といえる。この歩留率について標準が設定される。つまり、理想標準原価の設定に含まれる歩減、つまり設計上または物理的に避けえない歩減に加えて、人的作業であることから生じる歩減の余裕を「良好能率」のレベルで組み込んで設定される。材料消費量標準は次式で算定される。

$$材料消費量標準 = \frac{材量標準含有量}{標準歩留率}$$

(2) 直接材料費差異の分析

図13－2に示したように、直接材料費標準が設定され、これが製造現場に伝達され、生産がスタートすると、実際直接材料費を測定してから、直接材料費差異を計算し、これを要素別に分析する。以下、数値例で説明する。

[例題]

製品ＡについてＴ材料の予定消費価格は50円/Kg、材料消費量標準は100Kg/個、当月実際生産量は1,200個、当月のＴ材料実際消費量は120,700Kg、当月のＴ材料の実際直接材料費は6,155,700円であった。直接材料費差異を計算し、この差異を材料消費価格差異と材料消費数量差異に分解しなさい。

[解説と解答]

直接材料費差異は、実際生産量に対して許容される標準直接材料費から実際直接材料費を差し引いて求められる。製品１個当たりに許容されるのは、直接材料費標準であるからである。

直接材料費差異＝標準直接材料費－実際直接材料費
＝直接材料費標準×実際生産量－実際直接材料費
＝予定消費価格×材料消費量標準×実際生産量
　－実際直接材料費
＝予定消費価格×標準消費量－実際消費価格
　×実際消費量
＝50円×100×1,200－6,155,700円
＝－155,700円　　155,700円の不利差異

図13－３を使って説明しよう。図において「標準直接材料費」と示した長方形の面積は予定消費価格と標準消費量の積で計算される。一方、一番大きい長方形の面積は実際消費価格と実際消費量との積で、実際直接材料費を示している。したがって、この２つの長方形の面積の差（図の縦線と斜線で示した部分の面積）が直接材料費差異を示している。

【図13-3　直接材料費差異の分解】

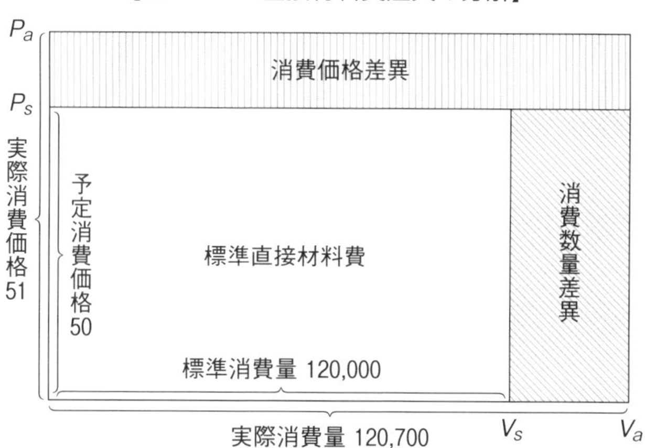

このうち、斜線部が材料消費数量差異を表している。図から分かるように、**材料消費数量差異**は、標準消費量と実際消費量の差に予定消費価格を掛けて計算できる。

材料消費数量差異＝予定消費価格×（標準消費量－実際消費量）
＝50円×（100×1,200－120,700）
＝－35,000円　　35,000円の不利差異

次に、**材料消費価格差異**は縦線部の面積で示される。これは予定消費価格と実際消費価格の差に実際消費量を掛けた積である。例題の実際消費価格は

実際消費価格＝実際材料費÷実際消費量
＝6,155,700円÷120,700Kg
＝51円/Kg

材料消費価格差異＝（予定消費価格－実際消費価格）×実際消費量
＝（50円－51円）×120,700
＝－120,700円　　120,700円の不利差異

(3)　差異原因の調査とアクション

差異分析に続いて、差異原因の調査・分析と報告が行われるとともに、差異を是正するためアクションがとられる。以下では、材料消費価格差異と材料消費数量差異それぞれの原因を列挙しておこう。

まず、材料消費価格差異の原因としては、①材料の市場価格の変動、②不適切な

予定価格の使用、③不利な購入ロットサイズ（1回の発注による購入量）・購入先・購入条件などが考えられる。①や②は、次年度の予定消費価格の設定にフィードバックされるが、③は主に購買部門の責任となる原因であり、早急なアクションが求められる。ただし、製造部門の責任で③が生じることもある。たとえば、製造部門の生産スケジューリングの狂いが原因で、購買部門が不利な購買先から不利な条件で材料を急遽購入せざるをえなかったような場合がそれである。このケースでは製造部門におけるアクションが求められる。

次に、材料消費数量差異の原因としては、①不適切な消費量標準の使用、②規格外や不良材料の使用、③不完全な仕様書の使用、④製品規格・作業方法・機械工具の変更、⑤作業能率の低下などがあげられる。①は製造現場の責任とは無関連であり、次期の材料消費量標準の設定にフィードバックされる。②は材料の高騰や不足が引き金となって生じることが多いが、購買部門の責任に絡むこともある。また、製造部門の生産スケジューリングの狂いが原因となることもある。③は製造現場の責任ではないが、早急なアクションが必要である。④の製品規格の変更や機械の変更は製造現場の責任ではないが、作業方法や工具の改善は現場における改善活動の対象となる項目である。最後の⑤は原価管理の主たる対象であるため、その原因をさらに調査し、是正することが求められる。

原価管理の今日的意義：コスト・マネジメントの登場

原価管理は、20世紀初頭に生成して以来、作業能率の増進に大きく寄与した。しかしながら、消費者の嗜好が多様化したり、技術革新が加速化したりするなかで、顧客の獲得をめぐる競争がグローバル・レベルで激しくなってきた。このような環境下では、製品開発にしても、また製造にしても、QCD（品質・原価・納期）を効率的にマネジメントしないと競争に勝ち抜けない。

QCDのうち、Cの原価については、作業能率以外の原価作用因に関して、原価低減の管理会計システムが整備されるようになった。そして、これらのシステムが原価管理を含めて**コスト・マネジメント**と総称されるようになった。

原価作用因とは、原価を左右する要因をいう（詳しくはColumn13－2を参照）。もちろん、作業能率がこの要因の1つである。しかし、設備、製品設計や工程設計などが原価に大きく作用する。設備は、そのもののコストは高いが、技術革新の加速化に伴い、製品製造のインプット、つまり製造原価を大幅に低減できる要因となっている。材料の減損や仕損が少なくなるだけでなく、製造に要する時間も短くなっている。したがって、設備投資のマネジメント、たとえば設備投資計画がコスト・マネジメントのシステムとして重要である。

次に、原価は、製品開発のプロセスでほぼ確定してしまうといわれている。このプロセスにおいて製品の機能や、その機能の実現に使われる材料などが決められ、これが製品設計に落とし込まれる。材料の決定だけを取り上げても、同じ機能を実現するのにさまざまな可能性がある。このとき、たとえば、製品間で部品を共有しても同じ機能を引き出すことができるとすれば、部品の開発費を削減できる。また、部品の大量生産や大量購買によって、製造原価を大幅に低減することができる。これはごく一例であるが、製品開発のコスト・マネジメントの重要性を示している。

このようなシステムとして、わが国で生成したのが**原価企画**である。このシステムは、競争優位をもたらすということで、欧米の研究者と実務家から広く注目された。

もっとも、コスト・マネジメントのさまざまなシステムが登場してきたとしても、原価管理がその役割を終えたということではない。設備投資計画や原価企画などによって、大幅に原価を低減しておいた上で、さらに作業能率を増進することが求められているのである。

4 おわりに

以上、管理会計の概要を述べてきたが、要点は次のように整理できる。

⑴ 管理会計は家計の例でみたように、計画（P）を立てるだけではなく、その実現に向けて、執行（D）体制を組むとともに、計画の到達度をチェック（C）して、アクション（A）を起こすプロセス、つまりPDCAサイクルに関わったシステムである。

⑵ 管理会計は、経営戦略を実現するためのシステム、すなわち戦略実施のシステムである。

⑶ 原価管理とは、作業能率の増進による原価低減を目的とした管理会計システムをいう。

⑷ 競争が激化するに伴って、大幅な原価低減を実現するため、原価企画などのシステムが登場するようになった。これらは原価管理を含めてコスト・マネジ

メントと総称される。

最後に、管理会計の意義は説明することができたが、具体的なシステムとなると、本書の性格上、原価管理を直接材料費の管理についてだけしか説明できなかった。「参考文献」や「次に読んで欲しい本」により、さらに学習を進めていただきたい。

?考えてみよう

1．管理会計の考え方を皆さんの収支管理に応用してみよう。家計簿をつけるのが面倒な人は、別の方法を考えてみよう。

2．製造現場では、原価差異の報告は日次または週次に頻繁に行うことが望ましいとされている。この理由を考えてみよう。

3．ホンダは同社初のミニバンであるオデッセイの開発にあたって、セダンの生産ラインでの生産を前提に開発を進めた。低床化などを織り込むことでこれを実現したといわれている。このケースをコスト・マネジメントの視点から考えてみよう。

参考文献

谷　武幸『エッセンシャル管理会計（第３版）』中央経済社、2013年。

谷　武幸『エッセンシャル原価計算』中央経済社、2012年。

次に読んで欲しい本

Kaplan, R. S., and D. P. Norton, The Strategy-Focused Organization: How Balanced Scorecard Companies Thrive in the New Business Environment, Boston, MA: Harvard Business School Press, 2001.（櫻井通晴監訳『キャプランとノートンの戦略的バランスト・スコアカード』東洋経済新報社、2001年）

櫻井通晴『ABCの基礎とケーススタディ（第２版）』東洋経済新報社、2004年。

谷　武幸『製品開発のコストマネジメント』中央経済社、1997年。

第14章

会計学の諸領域

1　はじめに
2　測定：簿記と原価計算
3　伝達：財務会計と管理会計
4　国際会計
5　税務会計
6　会計監査
7　財務諸表分析
8　おわりに

1 はじめに

これまでの学習を通じて、だんだんと会計学のことが分かってきたことと思う。しかし、その全体像はまだぼんやりしているのではないだろうか。そこで本章では、会計の体系を示しながら、会計学の諸領域について解説する。これまで学習した内容が、会計の体系のなかでどこに位置づけられるのか、本章で確認してほしい。また会計学には、これまでの章では取り上げなかった、より専門性の高い領域も存在する。本章を学習することで、そのような領域についても理解を深めてほしい。

会計学が対象とする会計の体系は、**図14－1**のようにまとめることができる。第１章でも述べたとおり、会計とは、「企業の活動を財務諸表に取りまとめ、それを情報利用者に向けて開示するために必要となる一連の知識体系」のことである。企業の活動を財務諸表に取りまとめることを**測定**という。また、取りまとめた財務諸表を情報利用者に開示することを**伝達**という。つまり、会計は「測定」と「伝達」という２つのプロセスから成り立っているのである。測定において重要となるのが、企業の活動を財務諸表に取りまとめるために必要な技術であり、その代表が「簿記」や「原価計算」である。また、伝達に関する領域には、企業の外部者に向けた情報伝達を想定する「財務会計」と、企業内部での情報利用を想定する「管理会計」とがある。さらに財務会計には、「国際会計」、「税務会計」、「会計監査」、「財務諸表分析」といったより専門的な領域が含まれる。このような会計学の諸領

【図14－1　会計の体系】

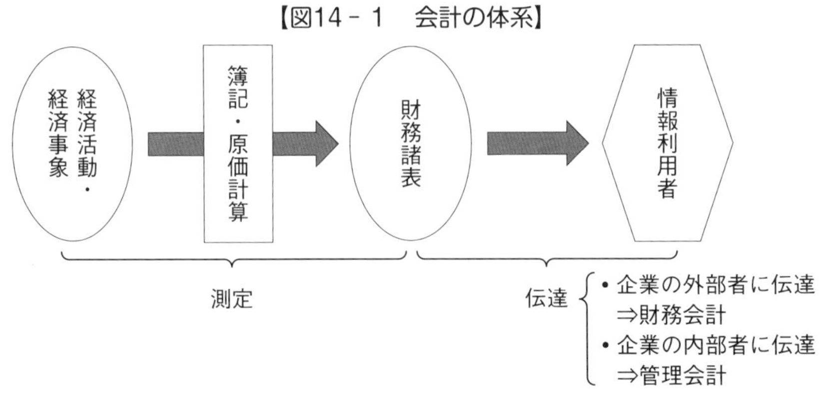

域を、以下で紹介していくことにしよう。

2 測定：簿記と原価計算

企業が経済活動を行うと、その成果は「貸借対照表」（第４章）や「損益計算書」（第９章）といった「財務諸表」に取りまとめられる。財務諸表は基本的に数字で表現されるので、企業の活動を財務諸表に取りまとめる際には、これを数字で計測する技術が必要となる。このための技術が**簿記**とくに「複式簿記」である。複式簿記の歴史は古い。**写真14－１**は、1494年にヴェネツィアで出版された、ルカ・パチョーリの『算術、幾何、比および比例総覧』（通称：『スンマ』）であり、これが世界最初の複式簿記の印刷教本といわれている（詳細は**Column１－１**を参照）。500年以上も前に発明されたものでありながら、複式簿記はこんにちの企業の財務諸表を作成する際にも有効な技術として活用され続けている。その内容についてはすでに第３章で学習したが、本節でももう少し詳しく触れておきたい。

複式簿記では、以下のような手続を経て、企業活動が財務諸表に取りまとめられる。まず第１に、簿記の対象となる「取引」を識別する。ここでいう「取引」とは、

【写真14－１　ルカ・パチョーリの『スンマ』】

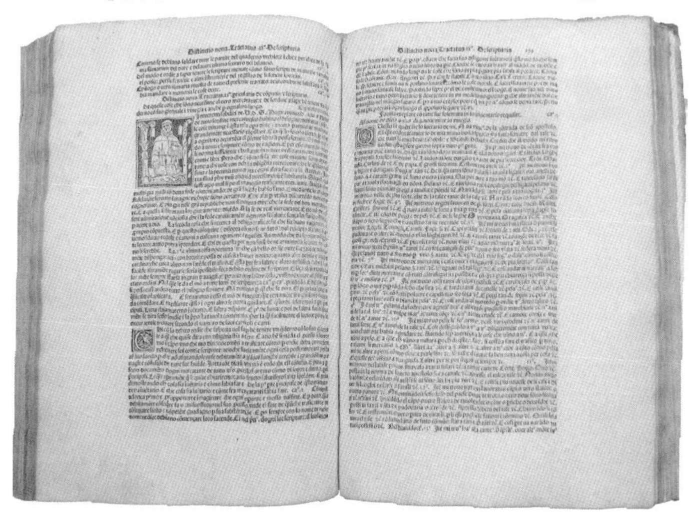

写真提供：神戸大学附属図書館

企業の資産・負債・純資産に影響を及ぼす活動のことをいう（Column３－１を参照）。

第２に、取引によって価値が増減する項目（これを「勘定」という）とその増減額を「仕訳帳」とよばれる帳簿に記録する。このような手続を**仕訳**という。仕訳がもつ最大の特徴は、取引によって生じる価値の増減が「二面的」に記録されるという点である。たとえば、100万円の生産設備を現金で買った場合には、生産設備100万円の増加と、現金100万円の減少、という２つの価値の増減が生じる。「二面的」に記録するとは、１つの取引によって生じた、このような２つの価値の増減を記録するということである。また仕訳には、資産・費用の増加は左側（**借方**という）、負債・純資産・収益の増加は右側（**貸方**という）、そしてそれぞれの減少は反対側に記録するというルールがある。先の例では、借方に「機械100万」、貸方に「現金100万」を記入することになる。

そして第３の手続として、仕訳帳に記録された取引を「元帳」とよばれる帳簿に記入する。仕訳帳では企業の取引が発生順に記録されるが、それを「現金」、「機械」といった勘定ごとに集計するのである。仕訳帳から元帳に移すこの作業のことを「転記」という。

さらに決算を迎えたら、第４の手続として、元帳に記載されたすべての勘定科目の残高を、「試算表」とよばれる帳簿に集計する。試算表は仕訳や転記にミスがないかをチェックするために作成される帳簿である。試算表の借方の合計額と貸方の合計額が一致すれば、仕訳や転記にミスはないと判断される。最後に、第５の手続として、試算表の金額が経済的事実を反映していないときに修正を行う。たとえば、第５章で学習した棚卸資産評価損の計上や、第６章で学習した減価償却費の計上、第10章で学習した貸倒引当金の設定などがこれにあたる。このような手続は**決算整理**とよばれる（Column３－２を参照）。こうした決算整理を経た後の試算表の金額から、財務諸表は作成されるのである。以上の一連の手続は、**図14－２**のように要約できる。

一方、**原価計算**は、製品の生産活動を財務諸表に取りまとめるための技術である。第５章では、原価計算の方法の１つである総合原価計算について簡単に紹介しているが、その手続はおおよそ以下のとおりであった。第１に、当期の材料費、労務費、および経費を把握する。第２に、これらの金額を合計して、当期の生産にかかったコストの総額（当期総製造費用）を計算する。第３に、第２の手続で計算した当期総製造費用を、当期に生産した完成品に関わるもの（当期製品製造原価）と、生産

【図14－2　簿記一巡の手続】

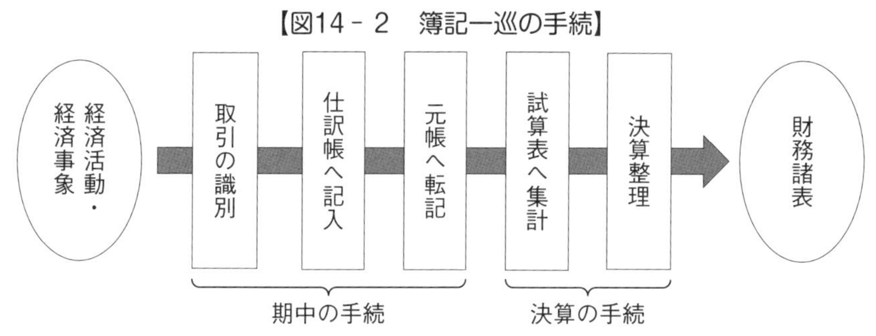

途中で決算を迎えた仕掛品に関わるもの（期末仕掛品原価）とに配分する。そして、当期製品製造原価のうち、当期に売れた製品に関わる部分は、収益の獲得に貢献した費用として、「売上原価」という科目名で損益計算書に計上する。一方、当期製品製造原価のうち、売れ残った期末在庫に関わる部分は、「棚卸資産」という科目名で貸借対照表に計上し、次期以降に繰り越すことになるのである。このように、当期の生産にかかったコストを集計して製品の製造原価を計算し、財務諸表における売上原価や棚卸資産の記録・計算を可能にする技術が原価計算である。

原価計算の方法は、企業会計審議会の「原価計算基準」によって規定されている。「原価計算基準」で認められている原価計算の方法には、第５章で紹介した個別原価計算と総合原価計算（まとめて**実際原価計算**という）のほかに、**標準原価計算**がある。標準原価計算は、実際の原価でなく、原価の目標値を用いて製品の原価を計算する方法である。原価の目標値を設定して原価計算に用いることで、生産活動に無駄なコストがかかっていないかをチェックし、かかっている場合にはそれを改善するという、**原価管理**が可能となる。第13章で学習した直接材料費の差異分析は、この標準原価計算の一部である。

なお、詳しくは第15章に譲るが、日本商工会議所という団体が年に２回、日商簿記検定試験という、商業簿記や工業簿記の知識を問う資格試験を行っている。簿記や原価計算の学習が進んできたら、このような試験を受験し、資格取得を目指すのもよいだろう。

3 伝達：財務会計と管理会計

簿記や原価計算によって作成された財務諸表は、情報利用者に伝達されることになるが、誰に向けた伝達を目的とするかにより、「財務会計」と「管理会計」に分けられる。このうち**財務会計**は、企業の外部者に向けて情報伝達することを目的とする会計である。**図14－3**に示したように、企業の事業活動は、さまざまな外部者との取引によって成り立っている。たとえば、事業活動には資金が必要であるから、株主からの出資や、債権者からの融資を受ける。資金を調達できたら、製品の生産に必要な原材料・部品・機械設備などをサプライヤーから購入したり、従業員を雇ったりする。そして製品を生産したら、これを顧客に売る。このような事業活動を通じて、企業は利益を稼いでいるのである。しかし、このような事業活動は、企業の外部者が企業のことをよく知っていなければ成立しえない。

みなさんも、見ず知らずの他人に進んでお金を貸したり、所持品を預けたりすることはしないであろう。企業の外部者も同じで、知らない企業と進んで取引を行う

【図14－3　事業活動における企業外部者との取引（製造業の場合）】

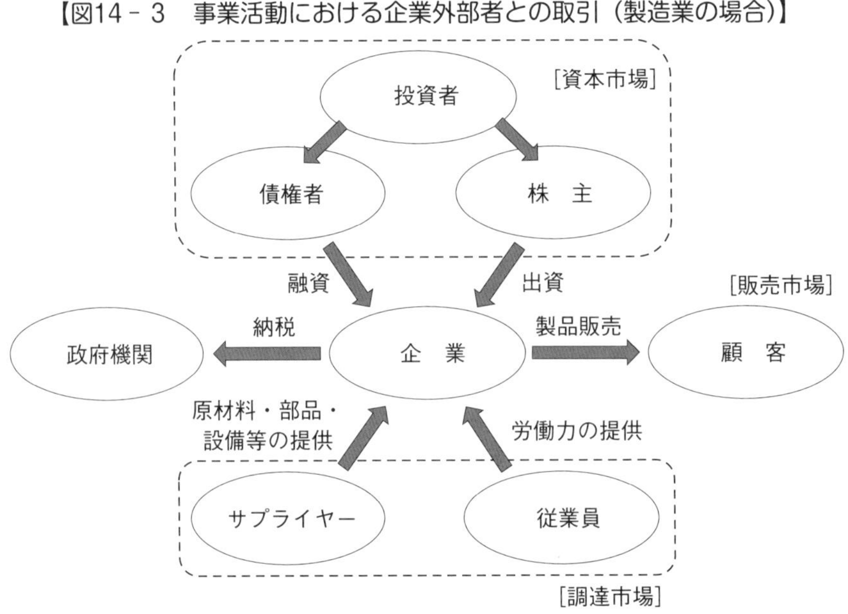

ことはしない。情報がない状態で取引をして、万が一、相手の経営者が悪意のある人だったり、経営能力の低い人だったりしたら、自分が損失を被るからである。したがって、企業の外部者は取引をする際に、取引相手に関する情報を求める。株主は出資契約、債権者は融資契約、サプライヤーは部品等の売買契約、従業員は雇用契約を、企業と結ぶべきかについての判断材料を必要とするのである。

こうした情報需要に応えるために、企業はみずからの財政状態や経営成績を財務諸表に取りまとめ、企業の外部者に向けて開示をしている。これにより、企業の外部者は企業の実態を知ることができ、その企業と取引を行うかどうかの意思決定をしたり、取引条件を交渉したりすることが可能となる。そうして初めて、企業も円滑な事業活動を行うことができるのである。このように、取引の意思決定に必要な情報を企業の外部者に提供し、円滑な事業活動を行うために生まれた会計が財務会計である。本書の第２章から第11章までは、外部者向けに作成される財務諸表の解説であるから財務会計の内容といえる。

一方、**管理会計**は、企業の内部者である経営者に情報伝達することを目的とした会計である。経営者もまた、さまざまな経営判断を行う際に会計情報が必要となる。たとえば、当期の事業計画の達成度を評価したり、自社製品の価格を設定したり、設備投資の意思決定を行ったりする際には、企業の活動実態を把握することが不可欠となる。このような状況で、経営判断に役立つ情報を経営者に提供するために生まれた会計が管理会計である。本書の第12章では、損益分岐点による利益構造の分析をとりあげた。そこでは、営業黒字を達成するために必要な売上高や固定費の水準、および変動費率について分析する手法を学習した。また、第13章では、経営管理についてとりあげた。そこでは、経営上の無駄なコストを削減するために、原価標準の設定（Plan）、その標準に基づいた生産（Do）、実際原価との差異分析（Check）、および差異の改善措置（Action）、といったPDCAサイクルを活用することが重要であることを学習した。これらは、経営者による情報利用を想定したものであるから、管理会計の内容である。

4 国際会計

ここからは、財務会計に関する専門領域として、国際会計、税務会計、会計監査、および財務諸表分析の４つを紹介することにする。まず、**国際会計**は、企業活動のグローバル化に伴って発生する会計上の諸問題について考える領域である。みなさんは海外旅行に行って困った経験はないだろうか。たとえば、現地通貨で表示された土産物の値段がよく分からなかったり、道を聞きたいのに言葉が通じなかったり、といったことである。企業にも似たようなことが起こる。こんにちの企業は、設備投資や製品の生産・販売を海外で行ったり、海外の株式市場に上場して資金調達を行ったりと、グローバルに活動を展開している。そして、企業の事業活動や資金調達活動がグローバル化してくると、それに伴ってさまざまな問題が生じるのである。

このような問題のうち、会計上の問題は大きく2つある。1つは、通貨単位の問題である。一般的に、海外での事業活動はドルやユーロといった外貨で記録され、国内の活動は円で記録される。そこで、これらの記録を統合した財務諸表を作成する際に、通貨単位をどのようにそろえればよいか、という問題が生じる。もう1つは、会計ルールの問題である。話す言葉が国によって異なるように、会計ルールも国によって異なる。日本企業は日本の会計ルール、海外企業は海外の自国の会計ルールに従って財務諸表を作成しているのである。異なるルールに従って業績が計算されている以上、日本企業と海外企業の業績を単純に比較することはできない。したがって、海外の投資家は、日本企業の業績の良し悪しが分からず、日本企業への投資を敬遠するかもしれない。その結果、日本企業が海外の株式市場に上場しても、円滑な資金調達が行えないという問題が生じうるのである。本節で紹介する国際会計は、このような会計上の諸問題を取り扱う領域である。

上記のうち、1つ目の問題を解決するために登場したのが**外貨換算会計**である。外貨換算会計では、外貨で契約した取引（これを「外貨建取引」という）の記録や、外貨で表示された在外支店や在外子会社の財務諸表を、日本円に換算する際にとるべき手続が議論される。とくに、いつの時点の為替レートを用いて換算すべきかが外貨換算会計の重要な論点となる。また、外貨を日本円に換算する際に生じる損益（これを「為替差損益」という）や、それを回避する方策（代表的なものに「為替予約」という取引がある）をどのように帳簿に記録するのかも、外貨換算会計の1つの論点となっている。

2つ目の問題に対処するために登場したのが**国際会計基準**である。これは、世界標準といえる単一の会計ルールを策定する目的で作られたものであり、国際会計基準委員会（International Accounting Standards Committee：IASC）という団体が設定した国際会計基準（International Accounting Standards：IAS）と、国際会計基準審議会（International Accounting Standards Board：IASB）と

Column14－1

連単分離

財務諸表には、「個別財務諸表」と「連結財務諸表」の２種類がある。**個別財務諸表**とは、法律上で独立している「個々の企業」を単位として作成する財務諸表のことをいう。一方、**連結財務諸表**とは、子会社や関連会社などを含む「企業グループ」を単位として作成する財務諸表のことをいう。

こんにちの企業は、企業グループを単位として活動を行っている。たとえば、国内での営業活動は親会社が担当し、海外での営業活動は子会社に任せる、といった具合である。そこで、企業の業績について評価する際には、その企業が単体で稼いだ利益ではなく、その企業がグループとして稼いだ利益に注目する必要がある。いうまでもなく、前者は個別財務諸表に、後者は連結財務諸表に、それぞれ記載されている。したがって、企業の業績を評価し、投資判断を行う投資者は、連結財務諸表の情報を重視しているのである。本文では、国際会計基準が、異なる国の企業の業績比較を可能にし、投資家の投資判断に役立つ情報を提供することに貢献していることを述べた。このことからも分かるとおり、国際会計基準は、連結財務諸表に適用することを想定しているのである。

では、個別財務諸表はどうであろうか。連結財務諸表だけでなく個別財務諸表にも国際会計基準を適用しようとすると、１つの問題に直面する。それは、税金や配当金が、法律上で独立した個々の企業ごとに計算されるということである。したがって、個別財務諸表に国際会計基準を適用してしまうと、税金や配当金の計算に支障をきたす可能性があるのである。このため、日本では、国際会計基準を任意適用する場合であっても、その対象は連結財務諸表のみであり、個別財務諸表については日本基準しか適用できないこととしている。このように、連結財務諸表と個別財務諸表について異なるルールを求めることを「連単分離」という。日本の現行制度は、連単分離を採用することによって、税金計算や配当計算への影響に配慮しつつ、国際会計基準の導入を容認しているのである。

いう団体が設定した国際財務報告基準（International Financial Reporting Standards：IFRS）の総称である。世界中の企業が同じ会計ルールに従って財務諸表を作成すれば、日本企業と海外企業の業績を比較することが可能となる。そうなれば、海外の投資家は、自国の企業だけでなく、日本企業の業績の良し悪しも評価できるようになる。その結果、日本企業も海外の株式市場において、円滑な資金調達を行えるようになるのである。

なお、日本では2010年３月期から、所定の要件を満たす場合に、国際会計基準を任意で適用できるようになった。その結果、国際会計基準を適用する日本企業は年々増え続けている。日本取引所グループのウェブサイトによると、2020年７月現在で、上場会社およそ3,800社のうち、212社がすでに国際会計基準を適用しており、11社が近い将来に適用することを決めている（https://www.jpx.co.jp/listing/others/ifrs/index.html）（2020年７月現在のURL）。適用企業の割合はそれほど高くないが、グローバルに活動を行う大企業が適用する傾向にある。住友商事、日立製作所、本田技研工業、武田薬品工業、味の素など、みなさんが知っている有名企業の多くも国際会計基準を適用している。

5 税務会計

みなさんが社会人になったら、働いて稼いだ給料のうち所定の金額を税金として納めなければならない。企業も同じで、１事業年度に獲得した利益のなかから、国や地方公共団体に税金を支払っている。すでに第２章でも述べたとおり、企業が国に支払う税金は**法人税**とよばれる。法人税は、**法人税法**という法律に基づき、企業が獲得した利益に所定の税率を掛け算して計算されることになるが、この課税対象となる利益のことを**課税所得**という。本節で紹介する**税務会計**とは、課税所得を計算するための会計である。

財務会計によって計算される当期純利益と、税務会計によって計算される課税所得とは、何が異なるのであろうか。両者は、企業の「儲(もう)け」を意味する点では同じである。しかし、財務会計と税務会計における「利益計算の目的」が異なることで、両者の金額は相違することになる。財務会計における利益計算の目的は「適正な期間損益計算」を行うことにある。つまり、１期間に企業がどれだけ儲けたのかを計算することで、株主や債権者といった企業外部者の意思決定に役立つ情報を提供することが基本目的となっているのである。これに対し、税務会計における利益計算の目的は、主に「課税の公平性」を確保することにある。つまり、税金を負担する能力（これを「担税力」という）が同じ企業からは、同じだけの税金を徴収することが基本目的となっているのである。

当期純利益と課税所得の具体的な計算方法の違いは以下のとおりである。すでに

Column14－2

法定実効税率

本文で説明したとおり、税務会計では「課税所得」に所定の税率を掛け算して税金を計算しているが、この税率のことを「法定実効税率」という。つまり、法定実効税率とは、課税所得に対する税金の負担割合のことである。本文では「法人税」だけに言及しているが、企業が支払う税金には、このほかにも住民税（都道府県民税・市町村民税）、事業税などさまざまあり、それぞれの税率は異なっている。したがって、法定実効税率は、課税所得に対する上記の税金の全体的な負担割合を意味していることに注意が必要である。

では、企業は毎年、どれくらいの税金を負担しているのだろうか。日本企業の法定実効税率は、年度や所在地などによって微妙に異なるが、およそ30%である。つまり、100万円の課税所得を稼いだ企業は、30万円を税金として支払うことになるのである。以下の**表14－1**は、自動車メーカー９社の法定実効税率を要約したものである。最大値が30.6%、最小値が30.0%となっているが、その値は各社で大きく異ならないことが読み取れる。

なお、各社が税金計算に利用した法定実効税率は、有価証券報告書の「注記」で開示されている（ただし、将来期間に税制改正を控えている場合には、税制改正後の税率が記載されることに注意しなければならない。この点については、「税効果会計」で詳しく学習してほしい）。注記とは、財務諸表に記載された項目の内訳や計算根拠といった重要情報を、財務諸表とは別の箇所に、言葉や数字で記載したものである。法定実効税率は、注記のなかの「税効果関係」という箇所に記載されている。

【表14－1　2019年３月期における自動車メーカーの法定実効税率】

企業名	法定実効税率	企業名	法定実効税率
日産自動車	30.6%	三菱自動車工業	30.3%
日野自動車	30.6%	本田技研工業	30.2%
いすゞ自動車	30.6%	トヨタ自動車	30.1%
SUBARU	30.5%	スズキ	30.0%
マツダ	30.5%	平均	30.4%

学習したように、財務会計の当期純利益は、「収益」から「費用」を差し引いて計算される（第３章や第９章を参照)。これに対し、税務会計の課税所得は、「益金」から「損金」を差し引いて計算される。益金・損金は、収益・費用に基づき計算されるので、収益と益金、および費用と損金はきわめて近い概念である。しかし、すでに述べたとおり、財務会計と税務会計とでは利益計算の目的が異なるので、その金額は完全には一致しないのである。

たとえば、役員賞与は、経営者の努力に対するボーナスであるから、財務会計上は、収益の獲得に貢献したコストとして、費用（販売費及び一般管理費）に計上される。しかし、税務会計上はそうではない。経営者のなかには、過剰な賞与を受け取ることで、納税額を小さくしようと考える人がいるかもしれない。そして、このようなことを許してしまうと、適正水準の賞与を受け取る経営者のほうが多くの税金を支払うことになり、不公平が生じる。そこで税務会計では、所定の要件を満たさない限り、役員賞与を損金に含めることはできないと定めている。その結果、費用と損金の間には差異が生じることになるのである。

以上のように、税務会計では「課税の公平性」を意識して、当期純利益とは別に課税所得を計算し、税金の支払額を決めている。なお、個人や企業の税金の計算や申告を手助けする職業専門家として「税理士」がいる。税理士の職務や資格の取得方法については、次の第15章で詳しく解説されているので、そちらを参照してほしい。

6 会計監査

会計監査は、企業とは独立の第三者である監査人が、財務諸表の適正性を調査し、その結果を監査報告書として報告する制度である。本章冒頭の図14－１でみたとおり、会計では、企業の経済活動の成果がその企業自身によって財務諸表に取りまとめられる。財務諸表はいわば自己採点による企業の成績表なのである。たとえば、学生のみなさんが大学の期末試験を自己採点して成績表を作成し、留学先や就職先に渡すような状況を思い浮かべてほしい。その成績表の結果が、留学や就職に影響するとしたらどうだろうか。みなさんは成績を良くみせたいと考えるはずである。自己採点を甘くしたり、場合によっては虚偽の成績を提出したりして、留学や就職に有利に働くようにし仕向けるかもしれない。

企業の財務諸表もこれと同じ状況にある。財務諸表が示す財政状態や経営成績が良好であるほど、投資家や債権者といった企業外部者の評価が上がり、株価が上昇したり、低金利で融資を受けられたりする。このため、経営者は財務諸表の数字を良くみせたいという動機を持っているのである。極端な場合には、虚偽の報告をして、業績を良くみせかけることもあるだろう（虚偽の決算数字を報告することを**粉飾決算**という）。このような心配がある限り、企業の外部者は信頼して財務諸表を利用しようとは考えない。そうなれば、第２節で確認した財務会計の目的は達成されなくなってしまう。

このような事態に陥る一番の原因は、企業が自己採点によって活動の成果を報告していることにある。企業が活動成果を自身で財務諸表に取りまとめるからこそ、企業の外部者はその信憑性を疑ってしまうのである。したがって、上記の事態を回避するためには、企業とは利害関係がない第三者が財務諸表の内容をチェックし、それが会計ルールに従って正しく作成されていることを確かめればよい。このような目的で生まれた制度が「会計監査」である。会計監査では、企業とは独立の第三者である監査人が、事前の計画（これを「監査計画」という）に従って証拠（これを「監査証拠」という）を入手し、その証拠に基づいて財務諸表が会計ルールに従って作成されているかについての意見（これを「監査意見」という）を表明する。そして、その意見を**監査報告書**という書類に取りまとめ、財務諸表とともに情報利用者へ開示している。これにより、財務諸表は信頼できるものとなり、企業外部の情報利用者の意思決定に有用なものとなっているのである。

なお、言うまでもなく、会計監査の有効性は、それを行う監査人に依存する。たとえば、会計知識がない監査人の意見は説得力がないだろう。また、監査人と企業との間に利害関係があり、企業にとって不利になる意見を監査人が表明しにくい場合にも、会計監査の有効性は損なわれてしまう。そこで、みなさんが知っているような大企業の会計監査は、上記のような心配がない、「公認会計士」という国家資格を持った職業専門家が担当している。公認会計士の職務や資格の取得方法については、第15章で紹介されている。

7 財務諸表分析

財務諸表分析は、株主や債権者といった企業の外部者が、財務諸表を用いて企業評価をする際の分析手法について学習する領域である。いまここに、ライバル関係にあるＡ社とＢ社があり、Ａ社が100万円、Ｂ社が200万円の当期純利益を報告したとしよう。もしもみなさんが株主や債権者として出資や融資をするとしたら、どちらの企業を取引相手に選ぶだろうか。当期純利益をみる限りでは、Ｂ社のほうが業績は好調であるから、Ｂ社を選択するかもしれない。しかし、当期の事業活動にＡ社は1,000万円、Ｂ社は5,000万円の資金を投入していたとしたらどうであろうか。Ａ社は1,000万円を投入しただけで100万円も稼げたのに対し、Ｂ社は5,000万円も資金投入していながら200万円しか稼げなかったことになる。そうなると、利益を稼ぐ能力はＡ社のほうが高いと結論づけるのが適切であろう。このように、財務諸表から企業の実態を知るためには、財務諸表からさまざまな情報を収集し、それらを加工して「分析」しなければならない。財務諸表分析では、このような企業評価ための分析手法について学習する。

財務諸表分析の代表的な方法は、異なる財務諸表数値の比率をとって財務指標を計算し、その大きさから企業の諸特性を評価するというものである。このような手法を**比率分析**という。比率分析によって、さまざまな企業特性を評価することができる。たとえば、①収益性（利益を生み出す力）、②生産性（付加価値を生み出す力）、③安全性（倒産する危険性）、④不確実性（業績予測の困難性）、⑤成長性（利益成長や企業価値創造の大きさ）などがそれである。本書の第11章では、比率分析による財務諸表分析の方法について学習した。そこでは、収益性の指標として、自己資本純利益率（ROE）などがあることを学んだ。また、安全性の指標としては、流動比率、当座比率、自己資本比率、負債比率、インタレスト・カバレッジ・レシオなどがあることを学習した。

なお、財務諸表分析によって株式や社債の価値を評価し、投資者にアドバイス等を行う職業専門家として「証券アナリスト」がいる。証券アナリストの職務や資格の取得方法については、第15章で詳しく解説されている。

8 おわりに

本章では、会計学の諸領域について紹介した。会計には測定と伝達という２つの側面があることを確認したうえで、測定に関連する領域として簿記と原価計算を紹介した。また、伝達に関連する領域としては、財務会計と管理会計があることを紹介した。さらに、財務会計の専門領域として、国際会計、税務会計、会計監査、および財務諸表分析をとりあげ、解説した。会計学の全体像について、多少なりとも理解が進んだことと思う。

ただし、本章がとりあげた会計学の諸領域は、会計のなかでも営利企業（利益を獲得することが目的の企業）を対象とした「企業会計」とよばれる領域に属するものだけである。学校法人、医療法人、政府などを対象とした会計は「非営利会計」とよばれ、これらとは別領域として存在することに注意してほしい。また、本章では扱わなかったが、営利企業のなかでも、中小企業を対象とした会計は、「中小企業会計」として独立した分野となっている。さらに、環境保全や地域社会への貢献度を計測する目的で設計された「社会責任会計」などの領域もある。これらの領域についても、ぜひ興味を持って勉強してほしい。

？考えてみよう

1．世界各国の企業が、自国の会計基準ではなく国際会計基準に従って財務諸表を作成することのメリットについて考えてみよう。

2．税金の金額は、財務会計上の利益である「当期純利益」ではなく、税務会計上の利益である「課税所得」に税率を掛け算して計算される。その理由について考えてみよう。

3．企業が外部者に向けて財務諸表を開示する際に、会計監査を受けることがなぜ重要なのか考えてみよう。

参考文献

神戸大学会計学研究室（編）『会計学基礎論（第６版）』同文舘出版、2019年。
神戸大学経済経営学会（編）『ハンドブック経営学（改訂版）』ミネルヴァ書房、2016年。

第14章

次に読んで欲しい本

秋葉賢一『エッセンシャルIFRS（第６版）』中央経済社、2018年。
鈴木一水『税効果会計入門』同文舘出版、2017年。
山浦久司『監査論テキスト（第７版）』中央経済社、2019年。

第15章

会計を活用する仕事

1　はじめに
2　会社で会計を担当する人々
3　財務諸表を使って企業を分析する人々
4　公認会計士
5　税 理 士
6　企業を経営する人々
7　おわりに

1　はじめに

本書は現代の経済社会でうまく生きていくために、誰もがみんな知っておくべき会計の知識を１から解説してきた。ここまで学習してきて、皆さんは会計を面白く感じただろうか、それとも難しく感じただろうか。

少し難しいけれども面白いと思った人は、ぜひ本書よりレベルが高い勉学にチャレンジして欲しい。なぜならば、会計の専門知識がマスターできれば、それを活かした仕事がいろいろあるからである。

そのような仕事の中には、国家試験に合格した者だけが就くことができる公認会計士や税理士というような非常に高度な専門的知識を必要とする仕事もある。そのような仕事に就けば、社会の人々から尊敬されるだけでなく、多くの収入を得ることもできる。たとえば公認会計士を対象として2019年度に実施されたアンケート調査によると、30歳代の４割が年収1,000万円超と回答したという（日本経済新聞2019年10月４日）。

このほかにも会計の専門知識を活かすことができる仕事は多い。そしていうまでもなく、その専門知識を活かした仕事に就けば、何も知識のない人より多くの収入が得られるはずである。本書の締めくくりとして、この章では、そのような会計の専門知識を活用する仕事を紹介しよう。

2　会社で会計を担当する人々

会社では多くの人々が、○○部や○○課というように、いくつかのグループに分かれて働いている。部や課の名前は会社によってさまざまであるが、ある会社では次のような部が設けられて、それぞれの仕事をしている。

購買部：原材料や機械などを購入する仕事を担当する。
製造部：工場などで製品を生産する。
営業部：営業所などで製品の販売を行い、また販売代金を回収する。
人事部：従業員の配置や研修など、会社で働く人々に関する事務を担当する。

Column15－1

簿記検定試験

簿記検定試験は、簿記の知識を普及させるために、商工会議所が毎年定期的に試験を実施して、受験者の能力を認定する制度である。試験を実施する日本商工会議所は、企業が集まって設立された各地の商工会議所を束ねる全国組織であるため、この試験は「商工会議所の簿記検定」とよばれ、簿記に関する資格としては最も高い権威をもっている。

試験の水準は、入門レベルの初級から１級までの４段階に分かれており、各級のレベルは次のとおりである。

初級：「簿記初級」と「原価計算初級」に区分されており、簿記初級では、基本用語や簿記の仕組みを理解して業務に活用できること、また原価計算初級では、基本用語や原価と利益の関係を理解して業務に活用できることが求められる。簿記初級と原価計算初級の試験は、インターネットを介して行うネット試験として実施される。

３級：個人企業の経理の担当者や補助者として必要な商業簿記に関する知識を有している。

２級：商企業および工企業の経理の担当者や事務員として必要な高校程度の商業簿記と工業簿記に関する知識を有している。

１級：大学程度の商業簿記・工業簿記・原価計算・会計学を修得し、企業会計に関する法規を理解し、経営管理や経営分析ができる。

試験科目は、３級は商業簿記だけであるが、２級ではこれに工業簿記が加わり、１級ではさらに原価計算と会計学が追加された、４科目の試験が行われる。商業簿記は商店など商業を営む企業に関する簿記であり、工業簿記はメーカーの簿記である。原価計算では製品１個当たりの生産コストの集計が問題とされ、会計学では毎期の利益計算を支える基礎理論が出題される。

３級～１級の試験は毎年６月と11月に行われるほか、２月には３級と２級の試験のみが実施される。試験の合格率は年度によって相違するが、大まかにみて３級は50％程度、２級は25％程度、１級は10％程度である。より上位の試験に合格しているほど、会計に関する有能な人材として企業社会で高く評価されることはいうまでもない。

経理部：会計の記録を行い決算書を作成し、関係者に報告する。

財務部：必要な資金を調達し、余裕資金を運用する。経理部に含まれる場合もある。

総務部：会社訪問者への対応、株主総会の開催、会社の広報活動その他、他の部が担当しない業務を担当する。

このうち、そこで働くために会計の知識を最も必要とするのは経理部である。**経理部**では、会社が行う毎日の取引を会計帳簿に記録し、１年が経過するとそれを集計して貸借対照表や損益計算書に取りまとめる。そのためには本書の第３章で学習した複式簿記の知識が必要になる。手作業で貸借対照表や損益計算書を作るには、複式簿記が不可欠である。もちろんこんにち多くの企業は、会計の帳簿や決算書の作成にコンピュータを用いているから、会計の知識がなくても経理部でできる仕事もある。しかし会計の知識があれば、そのようなコンピュータ・システムをよりいっそう能率的に使いこなすことができるだろう。

このように会計の知識は経理部で働く人々には非常に重要なものであるが、他の部門でも役に立つことが多い。たとえば購買部や資材倉庫では原材料などの受入や払出の記録が行われる。製造部では作業時間の記録だけでなく、製品の生産にかかったコストが集計される。営業部では売上代金の回収状況が記録され、未回収額が明らかにされる。このような作業には会計の知識が大いに役立つだろう。

3 財務諸表を使って企業を分析する人々

会社の経理部などで貸借対照表や損益計算書を作成することを仕事にしている人々がいる一方で、作成された財務諸表を使って企業を分析したり評価することが、仕事の重要な一部分になっている人々も多い。とくに銀行や証券会社および保険会社では、そのような人が数多く働いている。

たとえば銀行には、取引先の企業から融資の依頼を受けた場合に、その取引先に貸し付けた資金の元金や利息が確実に支払われるかどうかを、財務諸表を用いて判断している人々がいる。倒産する可能性が高い企業に融資して返済されない金額が増えると、銀行自体の経営が続けられなくなり、預金者にも被害が及ぶ。貸し付けた相手企業に倒産の危険があれば、銀行が要求する利子率もその分だけ高めに設定

Column15－2

証券アナリスト

証券アナリストは、高度な金融知識を応用して経済情報や企業の財務情報を分析したり株式や債券の価値評価を行うことを通じて、投資の助言や管理のサービスを提供する専門家である。日本では証券アナリストの資格は、公益社団法人である日本証券アナリスト協会が実施する後述の試験に合格するとともに、証券分析の実務経験を3年以上有すると認定されることにより、この協会への入会資格と称号の使用が許可される。

証券アナリストは現代社会で非常に重要な仕事を担当している。人々が貯蓄した資金は、より有利かつより安全な投資対象に振り向けられ、その資金をよりいっそう効率的に利用して高い利益をあげる企業へ配分されなければならない。資金を貯蓄した投資者と、資金を必要とする企業の間に立って、そのような情報の仲介をするのが証券アナリストである。証券アナリストの資格を持った人々は、銀行・証券会社・保険会社などでも数多く働き、この役割を果たしている。

証券アナリストの資格を得るには、まず始めに日本証券アナリスト協会が実施する通信教育講座を受講したうえで、検定試験に合格することにより、学習成果の認定を受けなければならない。通信教育講座と検定試験は、第1次レベルと第2次レベルに分かれている。第1次レベルの試験は、①証券分析とポートフォリオ・マネジメント、②財務分析、③経済の3科目について行われ、これに合格すると第2次レベルに進むことができる。第2次レベルの試験は、上記の3科目に④職業倫理・行為基準を加えた4科目で実施される。

試験科目のうち、証券分析とポートフォリオ・マネジメントは、企業が発行した株式や債券の評価と、それらの組合せによる投資の管理問題を取り扱う。これに対し、企業の財務諸表を活用して、企業自体の収益性や安全性などを分析するのが財務分析である。

しなければ割に合わない。

銀行は融資をするだけでなく、企業が新たに発行を計画している株式を引き受けてくれるよう頼まれることもある。その場合には、その企業の財務諸表に示された純資産額や利益を獲得する能力を考慮に入れて、株式を引き受けるか否か、引き受ける場合は1株式をいくらで引き受けるかを判断しなければならない。

証券会社にも、財務諸表の情報を分析して、企業を評価する人々がいる。証券会社はさまざまな業務を行っているが、みずからが株式や社債を売買して投資利益をあげる仕事もその１つである。この業務では証券会社がみずから投資者となる。したがって財務諸表を分析して推定した株式の価値からみて、割安株を購入するとともに割高株を売却することになる。

これとは別に、証券会社にとっての顧客となる個々の投資者から売買の注文を受けて、これを証券取引所に取り次いで取引を成立させ、投資者から手数料を受け取るのも証券会社の重要な業務である。この場合に、証券会社は個々の投資者から、投資に関するアドバイスを求められることも多い。それに備えて証券会社では、多くの担当者が日頃から会社の財務諸表の分析を通じて企業を評価し、投資者に各種の参考情報を提供している。

財務諸表を使って企業分析をする人が数多く働いているもう１つの業界は保険会社である。生命保険や自動車保険などを運営する保険会社は、保険契約を結んだ契約者から定期的に保険料を受け取るが、これを現金で保管しているだけではなく、有利に運用して増殖させ、将来に事故が発生したときに契約者に支払う保険金に充てなければならない。そのような運用先の１つが、企業の発行する株式や社債である。したがって保険会社でも、どの企業の株式や社債に投資するかを決めるために、多くの人々が財務諸表を使って企業を評価している。

銀行・証券会社・保険会社に限らず、一般企業でも財務諸表を使って企業の分析や評価をすることがよくある。たとえば自社と競争関係にある他の企業の財務諸表を分析して、競争相手の実力を評価したり、自社の長所や短所を明らかにするための分析がそれである。そのような場合も含めて、企業を分析して株式や社債の価値を評価する人々の中には、**証券アナリスト**という専門的な資格を持っている人も多い（Column15－２）。

4 公認会計士

会計の知識を活用するさまざまな仕事のうち、社会的に最も権威がある資格として認められているのが**公認会計士**である。公認会計士は、企業が作成した財務諸表が会計基準に準拠して財政状態や経営成績を適正に表示しているか否かを独立の立場から調査し、意見を表明することを仕事としている。**図15－１**に示すのは、この仕事を遂行した公認会計士が会社にあてて作成した報告書の実例である。

【図15－1　監査報告書】

独立監査人の監査報告書

2020年３月24日

江崎グリコ株式会社取締役会御中

EY新日本有限責任監査法人
指定有限責任社員・業務執行社員
公認会計士　村上　和久　印
指定有限責任社員・業務執行社員
公認会計士　松浦　大　印

当監査法人は、金融商品取引法第193条の２第１項の規定に基づく監査証明を行うため、「経理の状況」に掲げられている江崎グリコ株式会社の2019年４月１日から2019年12月31日までの第115期事業年度の財務諸表、すなわち貸借対照表、損益計算書、株主資本等変動計算書、重要な会計方針、その他の注記及び附属明細表について監査を行った。

財務諸表に対する経営者の責任

経営者の責任は、我が国において一般に公正妥当と認められる企業会計の基準に準拠して財務諸表を作成し適正に表示することにある。これには、不正又は誤謬による重要な虚偽表示のない財務諸表を作成し適正に表示するために経営者が必要と判断した内部統制を整備及び運用することが含まれる。

監査人の責任

当監査法人の責任は、当監査法人が実施した監査に基づいて、独立の立場から財務諸表に対する意見を表明することにある。当監査法人は、我が国において一般に公正妥当と認められる監査の基準に準拠して監査を行った。監査の基準は、当監査法人に財務諸表に重要な虚偽表示がないかどうかについて合理的な保証を得るために、監査計画を策定し、これに基づき監査を実施することを求めている。

監査においては、財務諸表の金額及び開示について監査証拠を入手するための手続が実施される。（中略：著者）当監査法人は、意見表明の基礎となる十分かつ適切な監査証拠を入手したと判断している。

監査意見

当監査法人は、上記の財務諸表が、我が国において一般に公正妥当と認められる企業会計の基準に準拠して、江崎グリコ株式会社の2019年12月31日現在の財政状態及び同日をもって終了する事業年度の経営成績をすべての重要な点において適正に表示しているものと認める。

利害関係

会社と当監査法人又は業務執行社員との間には、公認会計士法の規定により記載すべき利害関係はない。

以上

本書の第２章で学習したように、会社法はすべての会社に対して、また金融商品取引法は上場会社などに対して、定期的に財務諸表を作成し報告するように求めている。それに従って作成される貸借対照表や損益計算書には、企業の資産や負債および利益が掲載されているから、これらはいわば企業にとっての成績表である。そしてその成績表は、その企業みずからが作成するのである。したがって学生が自分の成績表を自分で記入できるとすれば、容易に連想されるように、記入された成績が常に真実であるとは限らない。

そこで会社法や金融商品取引法は、所定の会社に対して、会社みずからが作成した財務諸表が公正な会計の基準に準拠して適正に作成されているか否かについて、会社とは独立した専門家による監査を受けるよう要求している。図15－１は、その専門家が監査の結果を会社に報告するための書面の実例である。

この監査を担当する専門家を「公認会計士」という。公認会計士は個人として活動してもよいが、多くの公認会計士は**監査法人**という会社組織を作って、グループで監査業務を行っている。会社法や金融商品取引法に基づく財務諸表の監査は、公認会計士または監査法人にだけ認められた独占的業務である。公認会計士の資格を得るには国家試験に合格しなければならない。

その試験は毎年12月と翌年５月に行われる短答式試験と、その合格者に対して８月に行われる論文式試験の２段階で行われる。受験には特別な資格は要求されておらず、誰でも自由に受験することができる。短答式試験では、マークシートに示された選択肢から１つの正解を選ぶ形式で、財務会計・管理会計・監査論・企業法の４科目が課される。また論文式試験は、問題の解答を計算や自由論述する形で、会計学（財務会計と管理会計を含む）・監査論・租税法・企業法という４つの必修科目と、１つの選択科目（経営学・経済学・民法・統計学から選択）について実施される。

この試験に合格すると、２年間の業務補助を行いつつ、３年間の実務補修を受講したうえで、公認会計士協会が実施する修了考査に合格しなければならない。業務補助とは、監査法人や公認会計士事務所で監査業務の補助者として働くことで実務の経験を積むことをいう。また実務補習は、公認会計士協会が中心となって試験合格者に対して、主として講義形式で行う実務教育である。これらの要件を満たしたうえで開業登録すれば、公認会計士としての業務を行うことができる。

公認会計士の業務の中心は、会社法や金融商品取引法の財務諸表の監査であり、その報酬は監査を受ける会社が支払う。公認会計士はまた税理士としての登録を行うことにより、税理士の業務を行うこともできる。さらに、公認会計士の肩書きを用いて、会社の会計制度の立案など企業経営をめぐる助言や指導を行い、会社から報酬を得ることも認められている。

5 税理士

公認会計士が監査のプロであるとすれば、税理士は税金のプロであるといえるだろう。**税理士**は、人々の求めに応じて有料で、税金の申告などの代理をしたり、税務書類を作成したり、税務相談に応じたりすることを仕事としている専門家である。またこれらの業務に付随して、税理士の肩書きを用いて有料で、会計帳簿の記帳を代行したり、会計の書類を作成する仕事をすることもできる。この資格は国によって認められた国家資格である。

企業に勤める従業員が受け取る給料に対して**所得税**という税金が課せられるのと同様に、個人で事業を営む人がその事業から得た利益にも所得税がかかる。個人企業ではなく、会社として事業を営んでいれば、その利益に対しては所得税ではなく、**法人税**という名前の税金が課せられる。

企業の従業員に課せられる所得税は、その人の給料から天引きされるので、改めて税金を計算して申告する必要がない場合が多い。しかし自営業の人は、事業から得られた所得を毎年計算して申告し、税金を納めなければならない。会社も同じである。そのような税金の申告を自分でできるのであれば、自分が行えばよいが、自分でできなければ税理士に頼んでやってもらうことになる。

税理士は、そのために日頃から会社の帳簿記録を補助し、税務署に提出する確定申告書などの書類を作成して申告を代行し、また税金に関して相談に乗るのである。その見返りとして、税理士は報酬を得ている。

個人で事務所を開業し、このような業務を引き受けるのが個人開業である。このほか税理士は、公認会計士が監査法人を設立するのと同様に、２人以上の税理士が集まって税理士法人を設立し、よりいっそう大きな仕事を引き受けることもできる。さらには企業の経理部などに会社員として所属し、税金に関する専門的知識を活かしている人も多い。会社員として企業内で働く場合でも、税理士の資格を持っている人は、他の人よりも有利な処遇を受けていることはいうまでもない。

税理士の資格を得るには税理士試験に合格しなければならない。所定の学識（たとえば大学３年次以上で所定数の単位を取得した者)、資格（たとえば商工会議所の簿記検定１級合格者)、または職歴（たとえば２年以上にわたり会計事務に従事した者）のいずれかの要件を満たせば、この試験を受験することができる。

試験は毎年８月に次の11科目について行われるが、受験者はこのうち５科目に合格すればよい。会計科目の簿記論と財務諸表論は、受験者が必ず合格しなければならない必須科目である。税法科目のうち所得税法と法人税法は、少なくともどちらか１つに合格しなければならない選択必須科目であるが、両方に合格してもよい。残りの選択可能科目には、相続税法、消費税法または酒税法、国税徴収法、住民税または事業税、固定資産税がある。試験の合否は受験した科目ごとに判定される。したがって１回の受験で５科目全部に合格してもよいし、１年に１科目ずつ合格するなど、長期間かけて合格してもよい。

6 企業を経営する人々

企業で働く人々は、仕事の性質により２つのタイプに分類することができる。その１つは、特定の分野に関する非常に深い知識や専門的な技術を持ち、もっぱらその特定分野に集中して仕事をする人々である。このような人々はスペシャリストとよばれることがある。本章のここまでの部分で紹介した経理部員・証券アナリスト・公認会計士・税理士などは、いずれも会計やその関連の分野に集中して仕事をしている点で、スペシャリストであるといえる。

もう１つのタイプは、特定の分野に限定することなく多くの分野の十分な知識や技術を持ち、会社で働くさまざまなスペシャリストを束ねて、横断的に仕事をしていく仕事である。このような仕事をする人々はゼネラリストとよばれる。ゼネラリストは会社の中でさまざまな仕事を経験しながら、課長や部長として経営管理の仕事に従事し、その中から最終的に取締役を経て社長に就任する人が登場するのである。

会社で働く人々の仕事をこのように２つのタイプに分けた場合、会計の知識を最も活用するのは、言うまでもなく会計分野のスペシャリスト達である。それに比べれば、ゼネラリストになろうとする人々にとって、会計の知識はそれほど必要不可欠なものではないという誤解が生じるかもしれない。

しかしこの考え方は間違いである。次に**図15－２**として示す書籍の序文が、そ

【図15－2　稲盛和夫『実学』】

写真提供：京セラ株式会社

次の文章は、京セラの創業者として著名な稲盛和夫氏の著書『稲盛和夫の実学：経営と会計』（日本経済新聞社、1998年）のまえがきの中から抜粋したものである。

- 経営者は、自社の経営の実態を正確に把握したうえで、的確な経営判断を下さなくてはならない。そのためには、会計原則、会計処理にも精通していることが前提となる。
- ところが日本では、それほど重要な会計というものが、経営者や経営幹部の方々から軽視されている。会計と言えば、事業をしていく過程で発生したお金やモノにまつわる伝票処理を行い、集計をする、後追いの仕事でしかないと考えているのである。
- 私は27歳の時に京セラを創業し、ゼロから経営を学んでいく過程で、会計は「現代経営の中枢」をなすものであると考えるようになった。企業を長期的に発展させるためには、企業活動の実態が正確に把握されなければならないことに気づいたのである。
- 真剣に経営に取り組もうとするなら、経営に関する数字は、すべていかなる操作も加えられない経営の実態をあらわす唯一の真実を示すものでなければならない。（中略）…

  なぜなら、これらの数字は、飛行機の操縦席にあるコックピットのメーターの数字に匹敵するものであり、経営者をして目標にまで正しく到達させるためのインジケーターの役割を果たさなくてはならないからである。
- 本書は、私の考える経営の要諦、原理原則を会計的視点から表現したものであり、少し過激な表現ではあるが、「会計がわからんで経営ができるか」という思いで出版させていただいた。

の理由を雄弁に物語っている。

著者の稲盛氏は、鹿児島大学工学部を卒業したあと技術者として会社で仕事を始めたが、４年後には独立して会社を設立した。その10年後には、この会社は上場会社になった。そして今や、会社の売上高はグループ全体で１兆円をはるかに上回る巨大な企業に成長している。

この会社の社長として、長らく企業経営をリードしてきたのが稲盛氏である。したがって稲盛氏の言葉には、企業経営の神髄に迫る説得力がある。その経営者の会計に対する考え方を一言で表しているのが、「会計がわからんで経営ができるか」という言葉である。

図15－2で示された稲盛氏の言葉を、よく味わって読んで欲しい。会計の知識は、会計分野のスペシャリストとして働くために不可欠であるだけでなく、会社を経営する人々にとっても企業活動を成功に導くために、なくてはならない重要な知識であることがよくわかる。

7 おわりに

会計の知識を身につければ、選択できる職業の幅は大きく拡がる。会社の中でそれを活かした専門的な仕事に就くこともできるし、公認会計士や税理士などのプロフェッショナルとして独立開業することも夢ではない。もうひとつ忘れてならないのは、有能な社長として企業を経営するにも、会計の知識が不可欠なことである。

この本で入門レベルの学習をした皆さんの中には、会計は面白い科目だと感じた人がたくさんいるだろう。そんな皆さんには会計の才能があるにちがいないから、もっと深く勉強することにより専門的な仕事に就いて、より多くの経済的な報酬と社会的な地位を得て、生き甲斐のある人生を送ってほしい。そのための出発点として本書が役立つことを願っている。

？考えてみよう

1．会計の知識を仕事で活用しているスペシャリストにはどのような職業の人々がいるか考えてみよう。

2．会計の報告書の監査は、どんな場合になぜ必要とされるのか考えてみよう。

3．経営者は会計の数字を操作したくても、操作してはならないといわれる。経営者はどんな動機で操作したくなるのか、またなぜ操作してはいけないのか、考えてみよう。

次に読んで欲しい本

山浦久司『監査論テキスト（第７版）』中央経済社、2019年。

鈴木基史『やさしい法人税（令和２年度改正）』税務経理協会、2020年。

稲盛和夫『稲盛和夫の実学―経営と会計（文庫）』日本経済新聞出版社、2000年。

索　引

■欧　文■

CVP分析……175
Let'snote……184
M&A……92
PDCAサイクル……180
ROE……150

■人名・団体・企業名■

〔あ　行〕

アイシン精機……96
アサヒグループホールディングス……9・76
味の素……204
アデランス……92
いすゞ自動車……205
江崎グリコ……125
エステー……64
NTTドコモ……134・138
オアシス・マネジメント……118
王将フードサービス……148
オープンハウス……140
小野薬品工業……118

〔か　行〕

京セラ……4
キリン……9
くら寿司……148

〔さ　行〕

サッポログループホールディングス…10
JR東日本……137
しまむら……164
シャープ……97
上新電機……59
スズキ……205
SUBARU……205
住友商事……204
ゼンショー……148
ソフトバンク……109
ソフトバンクグループ……101

〔た　行〕

ダイエー……32
ダイドーグループホールディングス……76
ダイハツ工業……96
武田薬品工業……204
デンソー……96
東京スタイル……92
トヨタ自動車……17・92・96・135・205

〔な　行〕

日産自動車……205
日本取引所……23
任天堂……92・109

〔は　行〕

パナソニック……184
日立製作所……204
日野自動車……96・205
ファーストリテイリング……46
ブランデス・インベストメント・パートナーズ……118
本田技研工業……204・205

〔ま　行〕

マツダ……205
三菱自動車工業……205

〔や　行〕

ヤクルト……97
ユナイテッドアローズ……164

■ 事項索引 ■

〔あ　行〕

預り金……53
アメーバ経営……4
粗利益……125
安全性……155
安全余裕……162
安全余裕率……172
１年基準……45
インタレスト・カバレッジ・レシオ……159
受取手形……50・143
受取配当金……93
受取利息……92
裏書譲渡……144
売上原価……65・125・136
売上債権……144
売上総利益……125
売上高……123
売上高営業利益率……136
売上高純利益率……152
売掛金……50・143
営業外収益……123
営業外費用……124
営業活動……122
営業循環……69・135
営業循環基準……45
営業損益計算の区分……125
営業利益……125
営業量……165
益金……206
オペレーティング・レバレッジ……171

〔か　行〕

外貨換算会計……202
買掛金……143
外貨建取引……202
会計……2
会計監査……196・206
会計期間……39・123
会計情報……3
会計方針……67
会社法……19
回収可能価額……86
概念フレームワーク……50
外部分析……162
加工費……61
貸方……198
貸倒れ……144
貸倒引当金……144
課税所得……26・128・204
株式……18
株式会社……5
株主……5・17・106
株主資本……54・108
株主総会……20・107
借方……198
為替差損益……202
為替予約……202
関係会社株式……52・95
監査意見……207
監査報告書……207・217
監査法人……218
監査役……20
監査役会……20
勘定……198
管理会計……12・180・196・200・201
機械装置……52
期間的対応……124
期間比較……149
企業会計……209
企業間比較……149

期末仕掛品原価……61
期末仕掛品棚卸高……61
期末評価……68
キャッシュ……91
銀行勘定調整表……95
金融活動……122
金融商品取引所……23・25
金融派生商品……102
繰延税金負債……53
経営成績……37
経営戦略……181
計画……181
経常損益計算の区分……125
経常利益……126
経費……60
契約資産……52
契約負債……54
経理部……214
決算整理……39・198
原価……184
限界利益……168
限界利益率……168
原価管理……180・199
原価企画……192
原価計算……60・196・198
原価計算表……61
原価差異……186
原価作用因……186
減価償却……78
減価償却費……78・138
減価償却累計額……80
原価配分……65
原価標準の設定……185
現金……50
現金過不足勘定……94
現実的標準原価……187
建設仮勘定……52・75
減損……84
減損処理……84
減損損失……85・86
減損の兆候……85
減耗性資産……75
工業簿記……213
工具器具備品……52
構築物……52
購入代価……59
公認会計士……216
高利益率型企業……131
小切手……94
顧客との契約から生じた債権……52
国債……95
国際会計……196・201
国際会計基準……202
国際財務報告基準（IFRS）……46
コスト・ドライバー……186
コスト・ビヘイビア……165
コスト・マネジメント……191
固定資産……50・74
固定性配列法……49
固定費……163
固定負債……53
個別原価計算……61
個別財務諸表……203
個別的対応……124
個別法……66

〔さ　行〕

債券……95
債権者……17
在庫品……59
財政状態……3・33
財テク目的……92
財務会計……11・196・200
財務諸表……25
財務諸表分析……196・207
財務レバレッジ……152
材料消費価格差異……190
材料消費数量差異……190
材料消費量標準……188
材料費……60

先入先出法……66
作業能率の増進……185
雑益……95
雑損……95
残存価額……78
仕入値引……59
仕入戻し……59
仕入割戻……59
時価……97
仕掛品……52・61
時間当たり採算……4
事業資産……90
事業税……128
事業利益……159
資金の運用形態……45
資金の調達原泉……45
自己株式……54
自己資本……108
自己資本比率……157
資産……19・50
試算表……198
執行……182
実際原価計算……199
支配目的……93
支払手形……53・143
資本……19・31・106
資本金……54・106
資本集約型企業……170
資本準備金……54・116
資本剰余金……108
資本的支出……77
資本利益率……150
社会責任会計……209
社債……6・95
車両運搬具……52
収益……22・38・123
収益性……150
収益的支出……77
収益認識に関する会計基準……52・54
修正原価……98
住民税……128
出資金……52
取得原価……59・77
準固定費……165
純資産……19・54
純資産の部……116
純損益計算の区分……125
準変動費……165
純利益……35
使用価値……86
償却原価……98
償却資産……75
商業……136
商業簿記……213
証券アナリスト……216
証券市場……23
上場会社……23
商品……52・58・137
情報提供機能……25
正味売却価額……68・86
所得税……219
仕訳……198
仕訳帳……198
新株予約権……55
進捗度……62
信用取引……142
スペシャリスト……220
税金費用……128
税効果会計……128
製造業……136
製造原価……60
製造原価明細書……64
製造指図書……61
税引前当期純利益……127
製品……52・58・137
税務会計……196・204
税理士……219
セグメント情報……10・136
ゼネラリスト……220
操業度……165

総合原価計算……61
総資本回転率……152
増配要求……118
測定……196
その他有価証券評価差額金……100
損益計算書……22・38・122
損益分岐図表……168
損益分岐点……162・163
損益分岐点の引き下げ……175
損益分岐比率……172
損益分岐分析……162
損金……206

〔た　行〕

対応原則……124
貸借対照表……19・44
退職給付引当金……53
代表取締役……20
耐用年数……78
建物……52
棚卸減耗費……68
棚卸資産……59
棚卸資産回転率……70
棚卸評価損……68
他人資本……108
短期貸付金……50
短期借入金……53
注記……67・205
中小企業会計……209
直接材料費……187
低価基準……68
定額法……79
定率法……79
手形債権……143
手形債務……143
敵対的買収……157
デリバティブ……102
転記……198
電子記録債権……143
伝達……196
当期純利益……36・127
当期製品製造原価……61
当期総製造費用……61
当座比率……156
投資者……6・24
投資その他の資産……74
特別損失……127
特別利益……127
土地……52
取締役……20
取締役会……20
取引……36・197

〔な　行〕

内部経営分析……162
200％定率法……80

〔は　行〕

配当……118
配当制限……19
薄利多売型企業……131
発行市場……24
バランスシート……44
販売費及び一般管理費……123・136
非営利会計……209
ビジネスモデル……55
非償却資産……75
費用……22・38・123
評価・換算差額等……55・108
標準原価計算……199
標準歩留率……188
費用性資産……71
費用配分……65
比率分析……208
非流動資産……46
非流動負債……46
ファブレス企業……77
複式簿記……6・36・197
負債……19・31・53・106
負債比率……158

付随費用……………………………59
粉飾決算……………………………207
平均原価法…………………………66
ヘッジ取引…………………………102
変動費………………………………163
変動費率……………………………168
包括利益……………………………131
報告主体……………………………50
法人税……………………128・204・219
法人税等調整額……………………128
法人税法………………………26・204
法定実効税率………………………205
簿記……………………………196・197
簿記検定試験………………………213
保守主義の原則……………………69

〔ま　行〕

マッピング…………………………8
マネジメント・コントロール………183
未収金………………………………143
未収入金……………………………50
未償却残高…………………………80
未払金………………………………53
未払費用……………………………53
無形固定資産…………………52・74
無借金経営…………………………106
元帳…………………………………198
モノ言う株主………………………157

〔や　行〕

役員賞与引当金……………………53
約束手形……………………………143
有価証券……………………………50
有価証券売却益……………………93
有価証券売却損……………………93
有価証券報告書……………………64
有形固定資産…………………52・74
有限責任……………………………5
有限責任制度………………………18
郵便為替証書………………………94
預金…………………………………50
予定消費価格………………………188

〔ら　行〕

利益計画……………………………175
利益剰余金……………………54・108
利害関係者……………………17・30
利害調整機能………………………22
履行義務……………………………140
理想標準原価………………………187
流通市場……………………………24
流動資産……………………………50
流動性配列法………………………49
流動比率……………………………156
流動負債……………………………53
レバレッジ…………………………171
連結財務諸表…………………46・203
連結損益計算書……………………9
連単分離……………………………203
労働集約型企業……………………170
労務費………………………………60

〔わ　行〕

割引…………………………………144

■編著者略歴

谷　　武幸（たに　たけゆき）

神戸大学名誉教授。経営学博士（神戸大学）。
1969年　神戸大学大学院経営学研究科博士課程中退。
1969年～2006年　神戸大学経営学部・大学院経営学研究科に教員として勤務。
2006年～2010年　桃山学院大学経営学部教授。

桜井　久勝（さくらい　ひさかつ）

昭和女子大学会計ファイナンス学科特命教授。博士（経営学・神戸大学）。
1979年　神戸大学大学院経営学研究科博士課程中退。
1979年～2016年　神戸大学経営学部・大学院経営学研究科に教員として勤務。
2016年～2019年　関西学院大学商学部教授。
2019年～2022年　金融庁公認会計士・監査審査会会長。
2022年より現職。

北川　教央（きたがわ　のりお）

神戸大学大学院経営学研究科教授。博士（経営学・神戸大学）。
2008年　神戸大学大学院経営学研究科博士課程修了。
2008年～2022年　神戸大学大学院経営学研究科准教授。
2022年より現職。

執筆者紹介（担当章順）

谷　　武幸（たに　たけゆき）……………………………………………………第1章、第13章
神戸大学　名誉教授

桜井　久勝（さくらい　ひさかつ）…………………………………………………第2章、第15章
昭和女子大学　会計ファイナンス学科　特命教授

土田　俊也（つちだ　としや）………………………………………………………………第3章
兵庫県立大学大学院　会計研究科　教授

池田　健一（いけだ　けんいち）……………………………………………………………第4章
福岡大学　商学部　教授

北川　教央（きたがわ　のりお）…………………………………………………第5章、第14章
神戸大学大学院　経営学研究科　教授

金光　明雄（こんこう　あきお）……………………………………………………………第6章
桃山学院大学　経営学部　准教授

若林　公美（わかばやし　ひろみ）…………………………………………………………第7章
甲南大学　経営学部　教授

行待　三輪（ゆきまち　みわ）………………………………………………………………第8章
京都産業大学　経営学部　教授

増村　紀子（ますむら　のりこ）……………………………………………………………第9章
兵庫県立大学大学院　社会科学研究科　教授

石光　　裕（いしみつ　ゆう）………………………………………………………………第10章
京都産業大学　経営学部　教授

石川　博行（いしかわ　ひろゆき）…………………………………………………………第11章
大阪公立大学大学院　経営学研究科　教授

窪田　祐一（くぼた　ゆういち）……………………………………………………………第12章
南山大学　経営学部　教授

1からの会計（第2版）

2009年9月30日　第1版第1刷発行
2018年4月1日　第1版第33刷発行
2021年3月1日　第2版第1刷発行
2022年5月20日　第2版第7刷発行

編著者　谷　武幸・桜井久勝・北川教央
発行者　石井淳蔵
発行所　㈱碩学舎
〒101-0052 東京都千代田区神田小川町2-1 木村ビル 10F
TEL 0120-778-079　FAX 03-5577-4624
E-mail info@sekigakusha.com
URL http://www.sekigakusha.com
発売元　㈱中央経済グループパブリッシング
〒101-0051 東京都千代田区神田神保町1-31-2
TEL 03-3293-3381　FAX 03-3291-4437
印　刷　東光整版印刷㈱
製　本　㈲井上製本所

ISBN978-4-502-37151-6　C3034